にほんご こうご

口语教程

陆留弟 —— 总主编　　庞志春　王建英 —— 编 著

日 本 語 中 級 通 訳 資 格 ・ 検 定 試 験

华东师范大学出版社

总主编的话

作为上海市外语口译岗位资格证书考试项目之一的"日语口译岗位资格证书考试"自1997年开考至今,已由开始的鲜为人知,到现在逐步被高校日语专业学生了解,并得到社会各相关部门的认可。考试规模不断增大,生源范围不断扩展。可以说,这一项目为培养具有一定水平的日语口译人才作出了贡献。

随着报考人数的增加,考生结构发生变化,原考试项目显现出局限性。为了更好地体现服务社会的宗旨,适应不同岗位日语口译人才的需要,上海市高校浦东继续教育中心(以下简称"中心")决定从2007年秋季起开设"日语中级口译岗位资格证书"和"日语高级口译岗位资格证书"两个级别的考试。在"中心"和上海市外语口译岗位资格证书考试委员会的直接领导和组织指导下,由日语口译专家组陆留弟、蔡敦达、庞志春、杜勤、王丽薇五位老师负责编写《日语中级口译岗位资格证书考试·听力教程》(王丽薇、吴素莲)、《日语中级口译岗位资格证书考试·阅读教程》(蔡敦达、庞志春)、《日语中级口译岗位资格证书考试·口语教程》(庞志春、王建英)、《日语中级口译岗位资格证书考试·翻译教程》(杜勤、刘新梅)、《日语中级口译岗位资格证书考试·口译教程》(陆留弟、蒋蓓)系列教程。

按照"中心"教程编写:1. 定位准确;2. 设定框架和体例;3. 选材面广;4. 体现时代特征;5. 突出口译特点等五点原则,五位老师认真收集材料,编写精益求精、各具特色。例如,《听力教程》每课由A、B两套试题组成。A套用以测试学习者的听力水平,以便进行有针对性的学习和训练。B套为模拟试题,其题型和要求与《考试大纲》的规定完全一致。《阅读教程》全书有上篇、下篇组成,上篇为"阅读基础与技巧",下篇为"课文与综合解答"。上篇部分主要帮助学习者

认识阅读、掌握阅读的主要方法,从而准确且快速地阅读日语文章,做到事半功倍。下篇日语文章涉及说明文、论述文、随笔、小说等题材。《口语教程》每课由两篇文章和"口语讲座"组成。其中"口语讲座"为其特色,兼具知识和信息,引导学习者如何说日语、用日语,从而提高他们的日语表达能力。《翻译教程》每课由日译汉、汉译日两部分组成。在讲授日汉互译基础理论的同时,注重翻译技巧的传授,帮助学习者通过大量的日汉互译实践提高自身的翻译水平。《口译教程》每个单元由六大模块组成。基本词汇和背景知识模块帮助学习者扫除口译中的基本障碍和了解相关背景知识;短句口译和简单的段落口译模块是口译表达的"实战演习",要求学习者学会灵活、自然、丰富的口语表达;口译注释模块对相关的语言内容进行补充说明,小知识模块对口译的基本要点和基本培训内容进行必要的阐述。此外,为了体现本教程能为上海乃至全国培养更多应用型日语人才的编写目的,编者根据不同教材的特点以及需要,归纳出了八大主题:文化娱乐、社会生活、教育研修、环境保护、高新技术、经济贸易、金融证券和时事新闻。

　　学习外语不同于学习数学、物理等带有公式、逻辑性的学科。外语的学习必须要有无数次的反反复复,而且是简单的反复、反复、再反复。只有坚持这"简单反复"的过程,才能向外语学习的成功更进一步。当然,这"简单反复"也必须由一些指导性的方法来支撑。首先,在初级阶段练好语音语调是对一个"能说会道"者的基本要求;其次,要做到坚持每天放声朗读,这是带领学习者进入"开口说话与交流"的最佳途径;最后也是最重要的一点:如何寻找"自我学习、自我会话、自我翻译"的环境。在外语的学习过程中,除了借助教程以及老师的教授和辅导外,如何寻找一个适合自己学习外语的环境,使自己在日常生活以及自然环境下悟出一套自我学习外语的方法,这在当今千军万马学习外语的浪潮中成为成功的弄潮儿至关重要。

　　总而言之,学习任何语言都需要付出艰辛的劳动。希望这套系列教材能为有志于从事日语口译工作的人们提供一些帮助和指导。在此,我谨代表本系列教程的所有编写人员期待着你们的成功!

本人对整套教程从宏观上进行了总体把握,但微观上的把握略有不足,编撰时难免有些缺失。希望各方专家、学者、老师和学生多多给予指正,以便我们及时改进。

"中心"和上海市外语口译岗位资格证书考试委员会的有关领导和工作人员以及华东师范大学出版社对系列教程的编写和出版做了大量的工作,在此我代表各位主编和参与本系列教程的所有人员向你们道一声谢谢,感谢你们对本系列教程的大力支持,感谢你们给了我们施展智慧的一次良好机会。

总主编 陆留弟
2007 年 3 月

本教材使用说明

本教材共16课。每课由两篇文章和一篇"口语讲座"组成，课后附有日汉对照的单词表，以及本课课文中出现的语法、句型和表达用法，并且附有日文例句，例句配汉语翻译。

每课一篇的"口语讲座"是本教材的特色。本部分兼具知识和信息，一方面增加学员的阅读量；另一方面，教师可以将其作为一条教学线索，引导学生如何说日语，从而提高每位学员的日语口头表达能力。

每课后面按不同领域，包括电脑、经贸、社会、旅游和常用成语等，集中附加一些汉日对应词汇，便于学员短时间内掌握一些常用而又专业的单词，供大家在深入讲述某一领域的话题时作参考。

课后练习的设计基于课文的语言知识，学员应在掌握课文的基础上进行练习，进而巩固所学内容。

本教材以一学期18周设计，每周一课，根据学员水平的不同，每周授课时间为4至6学时。期中和期末可以适当各安排一周的综合训练。

目　録

第一課 …………………………………………… 1
第二課 …………………………………………… 10
第三課 …………………………………………… 20
第四課 …………………………………………… 31
第五課 …………………………………………… 44
第六課 …………………………………………… 54
第七課 …………………………………………… 65
第八課 …………………………………………… 75
第九課 …………………………………………… 85
第十課 …………………………………………… 94
第十一課 ………………………………………… 103
第十二課 ………………………………………… 112
第十三課 ………………………………………… 122
第十四課 ………………………………………… 129
第十五課 ………………………………………… 137
第十六課 ………………………………………… 147
単語索引 ………………………………………… 155

第一課

本文

1 自分の役割をつかもう

　現在の大学生の厳しい就職事情の中で、特に外国人を採用しようとする日本企業は何を期待しているのでしょうか。
　これまで多くの日本企業では、学校を出たばかりの人を採用して、企業の中で時間をかけて、その企業に合う人材を育ててきました。このことは、企業の一員だという意識を持たせ、社員の気持ちを一つにまとめるのにとても役に立ちました。しかし、長引く不況などのため、こうした今までの伝統的なやり方は大きく変わりつつあります。新しい技術を少しでも早く導入したり、専門的な知識を持つ経験者や外国人を採用したりすることで企業の活力を向上させようとしています。また、円高の影響で企業が海外進出をするときの中心になる人材として、外国人を採用する場合もあるでしょう。
　しかし、企業のこうした考え方の変化によって、雇用、労働のシステムが変わりつつある反面、これまでの伝統的な考え方や慣習が、依然として根強く残っているのも事実です。日本の企業に入った場合、このことをよく頭に入れて、自分に期待されている役割をしっかりつかむことが大切です。特に今まで外国人を採用したことのあまりない企業では、場合によっては皆さんの期待と実情に、大きなギャップを感じさせることがあるかも知れません。そんなときには遠慮せずに上司とよく話し合ってください。時には自分

に与えられた本来の責任のほかに、語学などについてとても便利な人としてあれこれ頼まれることもあるでしょう。これも程度の問題ですが、自分の本来の役割を果たす上で問題になると思った時には、その点もはっきりさせる必要があるでしょう。

単　語

長引く(ながびく)	拖长，拖延
導入(どうにゅう)	导入
向上(こうじょう)	向上，提高
円高(えんだか)	日元升值
依然(いぜん)	依然
根強い(ねづよい)	根深蒂固；坚韧不拔
掴む(つかむ)	抓住；深刻理解
ギャップ	差距，分歧，隔阂
役割を果たす(やくわりをはたす)	发挥作用

表　現

一、～つつある

接続　動詞連用形

意味　正在…；在…中

1) この国の経済は発展しつつある。
　　这个国家的经济正在发展。
2) 運転中の携帯電話の使用による事故が増えつつある。
　　因驾车时使用手机而酿成的事故持续增加。
3) 入院したおかげで、体の調子は回復しつつある。
　　多亏住院了，身体状况正在逐步恢复。
4) 近年来地球は温暖化しつつある。
　　近几年来地球正在逐渐变暖。
5) 船は港に向かって進みつつある。
　　轮船正驶向港口。

二、～かも知れない
接続　体言;用言・助動詞終止形
意味　也许…,说不定…
1) こうすることが両国関係を改善する一つの突破口になるかも知れない。
这样做也许会成为改善两国关系的一个突破口。
2) 誰も助けてくれないかも知れないが、それでもこの計画を実行に移したいと思う。
或许得不到任何人的帮助,但我仍然希望将这一计划付诸实施。
3) 雨が降るかもしれないから、傘を持っていったほうがいい。
说不定会下雨,还是带把伞去吧。
4) 40分待っても現れないところを見ると、彼はもう来ないかもしれない。
等了40分钟他也没有出现。这样看来,他也许不会来了。
5) 明日いいお天気かもしれない。
明天也许是个好天。

2　肩書か人間らしさか

　サラリーマンにとって係長、課長、部長などのポストはなかなか魅力のあるもので、「管理職はサラリーマンの夢である」とさえ言われています。確かに管理職になると多少は収入が増えるということは、否定できない事実であり、それも魅力の一つかも知れません。しかし、実際には管理職の肩書がつくことによって、自分は出世した、偉くなった、他人より優れている、という優越感に浸れるということにあるようです。

　しかし、ここで考えてみなければならないことは、いわゆる平社員と管理職と比較して、どちらが人間らしい生活ができるか、ということです。多くの人たちは管理職のポストにつくと、その途端に上司の顔色をうかがい、その言葉の端々にも気を使うようになります。部下や同僚に対しても一段と腰を低くして、「嫌われまい」と心を砕き、自分の言いたいことも言わずに、ただ、そのポストの責任による重圧に耐え続けて悩んでいる人が少なくありません。

　企業の中間管理職に限らず、社長とか局長、教育長、会長、理事長と、ほかでも「長」、つまり「長い」という字のつくポストがたくさんありますが、長という字のつくポストについている人たちの生き方は、とても人間らしい生き方とは言えない、と言ってもいいでしょう。もちろん、例外はありますが、個人の人間性を殺さなければ管理職という仕事はつとまらない、という側面があるからです。これからはのびのびと徹底して平で、しかも人間らしく生き抜こう、肩書よりも自分の生き方を大切にしようと発想の大転換をしなければならない時代に直面しているのではないかと思います。

単　語

肩書（かたがき）	头衔
ポスト	工作岗位

魅力(みりょく)　　　　　　魅力
優越感(ゆうえつかん)　　　优越感
浸る(ひたる)　　　　　　　沉浸
端々(はしばし)　　　　　　细微之处
心を砕く(こころをくだく)　煞费苦心
重圧(じゅうあつ)　　　　　重压
平社員(ひらしゃいん)　　　普通职员
人間性(にんげんせい)　　　人性

表　現

一、～まい

接続　五段動詞終止形；一段動詞未然形；来る→来るまい/来まい；
　　　する→するまい/しまい

意味　① 表示否定推量：也许不会…吧；大概不…
　1) 御本人はこのことを知るまいぞ。
　　　本人也许不知道吧。
　2) 大したこともあるまい。
　　　也许没有什么大事吧。
　3) 明日は雨は降るまい。
　　　明天大概不会下雨吧。
　4) 普通の親なら、自分の子供に泥棒などさせまい。
　　　一般的父母大概不会让自己的孩子做小偷吧。
　5) この天気では、山に登る人もあるまい。
　　　这种天气,大概不会有人爬山吧。

② **表示否定意志：不打算…；决不…**
　1) あんなところへはもう二度と行くまい。
　　　决不再去那种地方了。
　2) わが国は、悲惨な戦争を経験したから、二度と戦争をするまいと誓った。

我国因经历过悲惨的战争，发誓再也不打仗了。
3) 見まいと思ってもつい見てしまう。
虽说想不看，但不由得还是看了。
4) 私はもう何も言うまい。
我再也不说什么了。
5) もう二度とあんな人に頼むまい。
决不再求那种人。

二、～に限らず
接続　体言
意味　不仅…

1) 近頃、女性に限らず、男性も化粧品をよく買っているそうです。
听说最近不仅女性，连男性也常买化妆品。
2) 商品などに限らず、どんな質問、ご意見でも、お気軽にお問い合わせください。
不仅仅限于商品什么的，其他任何问题和意见都请尽管提。
3) 今は若い人に限らず、かなりの年の人でもおしゃれをしている。
现在不仅是年轻人，就连上了年纪的人也爱打扮。
4) 中国に限らず、外国でも魯迅の作品は読まれている。
不仅在中国，国外也有人读鲁迅的作品。
5) 私は冬だけに限らず、夏でも風邪を引くことがよくある。
不仅在冬天，夏天我也经常感冒。

話し言葉講座

1. 口頭表現力とアピールの仕方

様々な場合に重要になってくるのは、「口頭表現力」です。人にピーアールしたり、自分の意見を述べたり、自分の意志を相手に伝

えたり、商品を紹介したりするような場合、日本語を習得した我々にとって、日本語で人とコミュニケーションをするのは、もう不可欠なことになっています。

日常生活で日本人の友達などと話をするのと、正式の場で自分が言い表したいことを話し言葉で表現するのと、内容も違うし、話し方も違ってくるのです。

こういう時の口頭表現は、いいかげんなものでは困ります。人を納得させたり、自分の意見を主張したりするときには、話術が重要になってくるわけです。

改まった場合に求められる口頭表現力とは、ただ一方的に人に話すことが目的ではないはずです。相手に本当の意味での理解をしてもらうのが主な目的なのです。

本当の意味での理解を達成するには、勿論話す相手によって多少変わってきますが、一方的な話ではなく、まず話す側が相手に興味を引かせ、そして伝えたい内容を説明して内容を把握してもらい、そして最後に納得してもらうことが重要です。これこそ口頭表現力なのです。

日本市場への中国の製品の進出が進む中、日本人に対する商品の宣伝などが益々増え、重要な仕事になっているのです。

しかし、同じ商品を紹介するにしても、その人の話し方によって相手に与える印象や商品の良さが変わってしまいます。何をどのように表現するかによってその商品のイメージが変わってしまうのです。商品のイメージ（良いイメージ）を最大限に生かし、簡潔で分かりやすい商品説明をしているものに実演販売があります。実演販売のプロともなると、声の大きさ、話のテンポ、歯切れの良さはもちろんのこと、簡潔で分かりやすい説明は当たり前です。それどころか、短い時間の中に商品の見せ場を作り、最高の会話力と絶妙のタイミングで商品の良さを表現していきます。短い時間の中で役者のように演じているのです。このように演じられるのは日頃から、人との会話やテレビの会話などを聞いて、「私ならこ

う表現する」「この言い回しの方が分かりやすいだろう」といつも自分がプレゼンテーターとなった時のことを想定して会話力に磨きをかけているからなのです。やはり日頃からの努力が大切なのです。実演販売を自分の商品に置き換えて練習してみるのもよいでしょう。説得力のある日本人の政治家の話し方や間の取り方をまねてみてもよいでしょう。アナウンサーのニュースを聞きながらそれを同時に口にするのも役立つはずです。まずは話のプロたちの話し方をまねて良い部分をどんどん吸収し上手なアピールの仕方を学びましょう。

補充単語

経済貿易用語1

并轨	一本化する（いっぽんかする）
薄利多销	薄利多売（はくりたばい）
彩票	宝くじ（たからくじ）
炒股	株投機（かぶとうき）
承包合同	請負契約（うけおいけいやく）
承包人	請負人（うけおいにん）
承包制	請負制（うけおいせい）
成本核算	コスト計算（コストけいさん）
吃大锅饭	親方日の丸式のやりかた（おやかたひのまるしきのやりかた）
持股公司	持ち株会社（もちかぶがいしゃ）
促销活动	プロモーション
传统工业	在来工業（ざいらいこうぎょう）
代沟	ゼネレーションギャップ
打入冷宫	お蔵にする（おくらにする）、お蔵入りになる（おくらいりになる）
防范风险	リスクを防止する（リスクをぼうしする）

放开搞活	自由化、活性化をする（じゆうか、かっせいかをする）
翻两番	四倍増（よんばいぞう）
分期付款	分割払い（ぶんかつばらい）
公关活动	PR活動（ピーアール活動）
公司财务情况公示	ディスクロージャー
股份制	株式制（かぶしきせい）

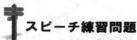スピーチ練習問題

1. 貴方が得意とするところについて述べなさい。
2. 立身出世について、貴方の考え方を述べなさい。

第二課

本文

1　規制緩和の背景と経緯

　第二次世界大戦に敗北した日本にとって、戦後最大の急務は、荒廃した国土と国民生活の復興でした。そしてそのことは、広い国土や豊かな資源を有していたわけではない日本にとっては、科学技術に立脚した産業の発展を意味していました。しかし、近代化に関してはなお後進国であり、従来、上からの強引な近代化をおしすすめてこざるを得なかった日本においては、戦中を通じて資本主義は未成熟のままにとどまり、自由競争によって産業を発展させるための十分な基盤が整っているとはいえませんでした。一方、戦後日本を占領しその戦後政策に絶大な影響を与えることになるアメリカは、1920〜30年代にかけて深刻な不況を経験しており、福祉国家観に基づきその対策として講じられたニュー・ディール政策が、この頃までに一定の成果を収めるにいたっていました。このような状況を受けて、日本の戦後経済は、国家の最低限の関与のもとで私企業が自由に競争するという盛期資本主義的な経済構造ではなく、官民が一体となって国土の復興に邁進するという形態をとることとなったのです。

　このような体制をもっとも明確な形で示すものが、官公庁による規制です。つまり、特定の産業分野に対して政府が積極的に介入することによって私企業間の過当競争を回避し、物資の安定した供給量と価格とを維持するとともに、既存の企業をできる限り

保護して雇用を確保し、また鉄道・電気などの公共的事業を国有とすることで国民生活の水準を維持しようとする方法です。

　そのように官民が一体となって経済の復興に努めようとする体制は、一面において、日本特有の労使の協調といった肯定的な効果をもたらし、日本の効率的な経済発展にたしかに寄与しました。戦後わずか10数年にして日本がかつてどのような先進国もなしえなかったような急激な経済発展に成功したことがそのことを示しています。

　しかし、戦後50年経って、社会全体は少なくとも経済的には十分に豊かになりました。それに伴い、国民の生活も変化を強いられています。また、冷戦が終結して本格的な国際化の時代を迎えるとともに、国内の経済は低成長時代に突入し、産業構造のさらなる効率化が求められています。このような状況のなかで、規制による経済の統制が有益に妥当し得るための条件は大きく変わりつつあります。それとともに、規制はそれ自体として多くの弊害をも生み出しました。資本主義が十分に成熟した現在において、過度に煩瑣な規制は私企業の自由で活発な行動を制約するものとして、むしろ経済の活性化を阻害し、産業の硬直化・空洞化をもたらしていると言われます。また、国内産業を保護し、外国企業の進出を困難にしている日本の経済構造は、他の資本主義国、とりわけアメリカから、閉鎖的・不透明といった批判を受け、経済摩擦の一因ともなっています。また、長年にわたる規制の中で培われてきた、国民・企業の官僚依存の体質が、ここにきて官僚・財界の多くの不祥事を生み出していることもたしかです。このような背景のもとで、1980年代後半から、規制の緩和が、行政上の重要な問題として意識されるようになってきたのです。

単　語

規制（きせい）　　　　　　限制,控制,规定
緩和（かんわ）　　　　　　缓和

急務(きゅうむ)	当务之急
荒廃(こうはい)	荒废,荒芜
復興(ふっこう)	复兴,重振
有する(ゆうする)	拥有
立脚(りっきゃく)	立足,根据
基盤(きばん)	基础
ニュー・ディール政策(せいさく)	新政(1933年以后,美国总统富兰克林·罗斯福的政府所实施的经济大萧条对策和各种改革的总称)
邁進(まいしん)	迈进,挺进
労使(ろうし)	工人与雇主
強いる(しいる)	强迫
煩瑣(はんさ)	烦琐
阻害(そがい)	阻碍
硬直(こうちょく)	僵硬
空洞(くうどう)	空洞
とりわけ	特别,尤其
培う(つちかう)	培育;培养
不祥事(ふしょうじ)	丑闻

表現

一、～ざるを得ない

接続　動詞未然形

意味　不得不…;不能不…

1) 人の命を救うためには細菌を殺さざるを得ないし、食料を得るためには植物や動物の命を絶たなければならない。
为了拯救人类的生命,不得不杀灭细菌,为了获得食物,不得不夺取植物和生物的生命。

2) 留学したい気持ちは分かるが、この病状では延期をせざるを得ないでしょう。

想去留学的心情是理解的,但是,在这种病情下不得不延期吧。
3) 電車のストライキのため、会社を休まざるを得なかった。
因为电车罢工,不得不向公司请假。
4) この事実を見れば、あなたの言うことが正しくないと言わざるを得ない。
从这一事实来看,不得不说你说的是不对的。
5) ビザの期限が切れたから、国に帰らざるを得ない。
因为签证已经到期,不得不回国。

二、～に至る
接続 体言；動詞連体形
意味 到…；以至…

1) 日本経済は1950年代の前半、戦前並みの水準に回復するに至った。
日本经济到了1950年代中期,已经恢复到战前相同的水平。
2) 問題がこじれる前に対策を立てるべきだったのに、ぐずぐずして、何もしなかったので倒産するに至っている。
在问题复杂化之前就应该设立对策,但是却优柔寡断不作为,以至倒闭。
3) この本には、この会社が日本のトップ企業に成長するに至った社史が書かれている。
这本书记载着这家公司成长为日本第一大企业的历史。
4) 一国の大臣の発言が、国際的な対立に至ることもある。
有时候一个国家的大臣的发言也会导致国际性的对立。
5) 父は倒れ入院したが、幸い大事に至らず、二週間ほどで退院した。
父亲病倒住院了,所幸的是没有大碍,两星期后出院了。

三、～えない
接続 動詞連用形
意味 不能,不可能

1) 太陽が西から昇ることはありえない。
   太阳不可能从西边出来。
2) この事故はまったく予測しえぬことだった。
   这起事故完全无法预测。
3) そんなことはありえないだろう。
   那种事不可能有吧。
4) 人類が火星に移住するということは、近い将来、起こり得ないだろう。
   在不远的将来,人类迁居到火星上的事是不可能发生的吧。
5) 彼ほどの財力があれば、なしえないものはないと言っていいだろう。
   有他那样的财力的话,可以说没有什么事做不到吧。

四、～にわたる～
接続 体言＋にわたる＋体言
意味 历经…

1) 2年間にわたる道路工事はようやく終わった。
   长达两年的道路施工终于结束了。
2) 祖父は8時間にわたる大手術を受けた。
   祖父接受了长达8个小时的大手术。
3) 中日両国の間には2千年にわたる友好往来の歴史がある。
   中日两国之间有长达两千年的友好交往的历史。
4) 昨日の会議で、2時間にわたる説明があった。
   昨天的会议上有长达两小时的说明。
5) この研究グループは10年間にわたる大気汚染の調査を行った。
   这个研究小组对大气污染作了长达10年的调查。

2　日本経済の状況

　日本人は多少余裕があれば銀行に預金します。サラリーマンの給料も銀行に払いこまれます。銀行はそれを運用して利益を上げます。バブルの時には、不動産、株式、中小企業、東南アジアなどに投資しました。企業の場合は現地に子会社を作って直接投資しました。それが焦げつき、難しい問題に直面しています。

　その点でアメリカ資本は日本と違い、より短期の金融資本として行動するのです。世界の経済情報を把握し、この国には投資した方がいい、この国は危ないと、資金が瞬時に移動します。アメリカの市民も日本と違い、銀行に預金しないで株式に投資します。投資会社が情報を握って、ここに投資したらどうかと誘うわけです。

　最近のアメリカの株価上昇は、景気がいいからではありません。世界的に景気が悪くなり、対外投資していたアメリカの資本がだぶついて、国内の株を買っているのです。だから、長続きしないと思います。アメリカの株価が暴落すれば、世界不況につながります。

　バブルの崩壊とアジアの経済危機が重なって、日本経済は困難に直面しています。しかし、日本の場合は借りた金が返せないのではなく、貸した金が焦げついたのです。経済構造も東南アジアや韓国とは非常に違います。日本は資源が少なく外国貿易に依存しなければやっていけない、というイメージがまだ残っていますが、戦後の日本は大きく変わりました。労働組合のがんばりもあって国内の購買力はかなり大きくなり、経済成長のために国内投資が行われ、日本経済は国内市場を中心に展開されてきました。輸出はGNPの13％、輸入は8～9％で、国内市場が圧倒的な比重を占めています。苦しいと言いながら、現在もお金を貸す方です。だから、日本経済の舵をうまくとれば、国内で経済再建の道を確立することは、やれないことではありません。この点は経済学者などがもっと立ち入って議論すればよいと思います。

今日は一般的に状況をどう理解したら良いかを話しました。広範な国民連合が自主的で平和で民主的な世界的協力を求めて戦争を拒否し、そのために自主的な活動をしていこうとすれば、国内の経済政策についてもきちんとした考えを持たなければなりません。そのために、まだいろいろ議論しなければならないことがありますが、時間が来ましたので、私の話はここまでとします。

単 語

預金(よきん)	存款
振り込む(ふりこむ)	转账
バブル	泡沫(经济)
株式(かぶしき)	股份
焦げつく(こげつく)	烧焦,烤煳;形成呆账(贷款收不回来)
把握(はあく)	掌握
だぶつく	过剩,充斥
崩壊(ほうかい)	崩溃
不況(ふきょう)	萧条,不景气
舵(かじ)	舵

表 現

一、～ながら(も)

接続 動詞連用形；形容詞終止形；形容動詞語幹；体言

意味 虽然…但是…

1) 国会図書館へいつかは行こうと思いながら、全然行く暇がない。
   总想什么时候去国会图书馆,但是,完全没空去。
2) 父は貧しいながらも、人から何一つ後ろ指を指されるような生き方はしなかった。
   家父虽然很穷,但是,他的生活方式未曾让人戳过一次脊梁骨。

3) このカメラは小型ながらよく映る。
   这架照相机虽然小,但摄像效果非常好。
4) 子供ながらも必死に悲しみに耐えている姿が、涙を誘った。
   虽是个孩子却拼命忍住悲痛,那样子叫人落泪。
5) 期待ほどにはいかないながら、なんとか目的が達成できた。
   虽然没有达到期待中的结果,但还是勉强达到了目的。

二、～(よ)うとする
接続　動詞未然形
意味　企图…,正要…,即将…

1) たくさんの計画を同時に進行させようとする。
   打算同时进行许多计划。
2) 電話ボックスに入ろうとすると、二人目の人が横入りして入ってしまいました。
   正要进电话亭的时候,我身后的人抢先进去了。
3) 私が帽子を拾おうとすると、風に吹き飛ばされてしまった。
   正当我要拣起帽子的时候,帽子被风刮跑了。
4) 政府が新景気対策を発表しようとした矢先に、その銀行の倒産は起こった。
   就在政府马上要发表新的复苏经济对策的时候,那家银行倒闭了。
5) 嘗て日本民俗学は、村落生活を主要な対象として、日本の民俗文化を究明しようとした。
   以前日本民俗学以村落生活为主要对象,以期透彻研究日本民俗文化。

話し言葉講座

2. 話すときの姿勢や態度が重要です

話すときの姿勢や態度が悪ければ、一生懸命話しても、内容がい

くらよくても、それまでの努力がむだになります。これほど損をすることはないでしょう。

　緊張や恥ずかしさのあまり、下を向いて自信がなさそうにしゃべったりすると、全力を挙げて訴えようとしても、相手に伝わらないし、迫力にも欠けてしまいます。話し手が一生懸命話しているのに、聞いている人が下を向いているか、目を閉じているか、うでを組んでいるか、関係ない読み物を見ているというような風景をよく見かけます。聞くほうが悪いのでしょうか。その多くの場合、話している人の姿勢や態度が悪いからです。悲しいのは、話し手御本人はそのことに気がついていない場合が多いことです。

　話す時に、話し手のマナーが重要です。スピーチになれない人や自信がない人は、ことさら聞き手に横柄な態度を取ったり、居丈高になったり、開き直ったりするのです。

　しかし、スピーチに慣れている人、議論に強い人は、話し方が態度や姿勢などが冷静で紳士、淑女になります。

　とにかく、落ち着いて、姿勢も正しく、表情もやわらかくして、丁寧に話をすれば、自分自身も自信がつくし、聞き手もわかってくれるのです。話し上手というのは、こういうことです。

補充単語

経済貿易用語2

工本費	製造手数料(せいぞうてすうりょう)
后劲十足	底力が強い(そこぢからがつよい)
回头客	リピーター
假冒伪劣商品	贋物や粗悪品(にせものやそあくひん)
基础设施	インフラ施設(インフラしせつ)
解除合同	契約解消(けいやくかいしょう)
经办人	取扱人(とりあつかいにん)
经营机制	経営メカニズム(けいえいメカニズム)
金融调控	金融調節コントロール(きんゆうちょ

	うせつコントロール)
技术转让	ノウハウ譲渡(ノウハウじょうど)
技术咨询	コンサルタント
开后门	裏取引(うらとりひき)
开源节流	財源の開拓と支出の節約(ざいげんのかいたくとししゅつのせつやく)
看家菜	お得意料理(おとくいりょうり)、目玉料理(めだまりょうり)
可比价格	不変価格(ふへんかかく)
联合企业	コンビナート
论资排辈	年功序列(ねんこうじょれつ)
母公司	親会社(おやがいしゃ)
铺张浪费	派手好みと見栄張りの無駄使い(はでごのみとみえばりのむだづかい)
请勿倒置	天地無用(てんちむよう)
倾销	ダンピング

スピーチ練習問題

1. 規制緩和の経緯について、本文の内容をまとめて述べなさい。
2. 余ったお金の利用の仕方は日本とアメリカが違うが、貴方ならどうするか、言ってみなさい。

第三課

本文

1　人間関係は「淡く薄く」

「如何に要領よく生きるか」という考え方が学生のキャンパスライフに浸透し、行動の原則にまでなっています。

大学教師の島田さんは、学生アンケートなどから、こんな現代大学生気質を浮かび上がらせました。氏はこれまで授業中の学生が交わす私語や、ノートの貸し借りの実態調査などをして、授業中の取り組み方の変化を研究してきました。そして、その背景に、「要領のよさ」があることに気づきました。「大学生の実態を理解する時、私語やノートの貸し借りが横糸なら、要領のよさが縦糸の関係」だと言っています。

島田さんによると、要領のよさは学内情報誌で授業を選ぶあたりから始まるそうです。最近の情報誌には単位取得の難易度から出欠取りの有無、教師の人間性まで書き込まれています。また、授業をサボるために友人に代返してもらうならば、万一、教師に質問された時にも代わりに答えてもらうことまで、今の学生が依頼しておくのです。もっとも、当てられた友人は「分かりません」と適当に答えて済ませればよいのです。試験ともなれば、サークルやクラスごとに試験対策を練るための集団が誕生しています。

要領のよさは、とりわけノートの貸し借りに発揮されると言います。11大学1 126人の学生を対象としたアンケートによると、「他人のノートやそのコピーを利用したことがある」学生が96％、

「利用するのは、いつが多いか」という質問に対する回答は、「定期試験前」が77％、「通常期間も定期試験前も」が14％、「通常期間中」が9％でした。ノートを気軽に貸してくれる友人がいる学生は、66％にのぼっています。「授業の単位を要領よく取っていると思うか」という質問には、「かなり要領がいい」学生が10％、「まあまあ要領がいい」学生が51％で、「要領のよさ」を意識するものが六割を超えています。

　こうした要領のよさは、「してあげる」「してもらう」という関係に支えられていると、島田さんは見ています。互いに相手が何かを提供してくれることを期待する関係です。互いのことにあまり干渉せず、しかもよい情報を得るためには、広い交際範囲を持つ必要があります。島田さんはそれを「淡く薄い人間関係」と呼んでいます。

　最近は、授業ノートをワープロ文書にした「フロッピーノート」やファックスを使って送る「ファックスノート」が増え、試験情報も携帯電話でやり取りされるようになりました。こうしたテクノロジーを使えば、ほかの学生と直接対面する煩わしさが避けられます。

　このように学生が要領よく生きることを選ぶ背景には、大学の授業で提供されるのが「体系化された知識」ではなく、単位を取るための「断片的な情報」になっている点に一因があると、島田さんは考えています。

　島田さんは「学生が関心を持つのは試験の技巧、つまり情報処理の仕方であり、情報の消費の仕方なのです。ですから、要領のよさが求められます。教師にも責任があります。知識の体系を学ぶ喜びや、『心』のように情報化できないものもあることを教えなくては」と話しています。

単　語

要領（ようりょう）　　　　　　窈門

キャンパスライフ　　　　　　校园生活
浸透(しんとう)　　　　　　渗透
気質(きしつ)　　　　　　　气质
交わす(かわす)　　　　　　交换,交替
私語(しご)　　　　　　　　耳语,私下说话
代返(だいへん)　　　　　　代替应到
もっとも　　　　　　　　　不过,可是
練る(ねる)　　　　　　　　推敲
干渉(かんしょう)　　　　　干涉
テクノロジー　　　　　　　技术,科学技术
煩わしい(わずらわしい)　　麻烦
断片(だんぺん)　　　　　　片段
一因(いちいん)　　　　　　一个原因

表　現

一、～ともなれば

接続　体言

意味　一到…就…,如果…就…

1) デパートのバーゲンともなれば、ブランド品目当ての若い人が殺到する。
   一到百货店打折,瞄准名牌的年轻人就会蜂拥而至。
2) 受験シーズンともなれば学校周辺のホテルは受験生でいっぱいになる。
   一到考试的季节,学校周围的宾馆就住满考生。
3) やはり11月ともなれば、寒い日が多くなりますね。
   确实一到11月,天冷的日子就多了。
4) プロの選手ともなればさすがに実力が違うようだ。
   一旦是职业选手,实力似乎果然不同凡响。
5) 結婚式ともなれば、ジーパンではまずいだろう。
   如果是参加婚礼,穿牛仔裤恐怕不合适吧。

二、～ようになる
接続　動詞連体形
意味　変得，変成
1) 上海にいても、世界各地の料理が食べられるようになった。
  在上海也能吃到世界各地的菜肴。
2) アンテナの位置を変えたので、テレビがよく映るようになった。
  因为改变了天线的位置，所以电视变得清晰了。
3) ドイツで3年間生活してようやくドイツ語が話せるようになった。
  在德国生活了三年，终于会说德语了。
4) 生活にもやっと余裕が出てきて、衣服趣味方面にも関心が持てるようになったところです。
  生活终于宽绰了，刚刚可以考虑衣着爱好问题了。
5) 日本語を勉強したおかげで、日本人のものの考え方が少し分かるようになりました。
  由于学习了日语，稍微明白一些日本人的思维方式了。

2 「ゆとり教育」でスクールミーティング

　日本の子供たちの学力低下が指摘される中、文部科学省はゆとり教育の見直しを進めています。行政側が始めた、ある取り組みを追いました。
　Q:「何か文部科学省が悪いんじゃないかって思ったりすることあるでしょ。そんなことたまにない。」(文部科学省　坪田知広　課長補佐)
　A:「親が言ってます。『ゆとり教育になってから学力が低下した』。」(生徒)
　生徒たちと学力低下について、話し合っているのは文部科学省の現役官僚。なぜ学力低下が進んだと思うか、生徒の本音を引き出します。
　Q:「(学力低下)それに対して反論しない。」(文部科学省　坪田知広　課長補佐)
　A:「ゆとり教育のせいではないと思う。自分が学ぼうという意志がないからだと思います。」(生徒)
　従来型の「視察」ではなく、教育の「ユーザー」である生徒や教師の生の声を聞こうと、文部科学省はこれまで全国90の小中学校で「スクールミーティング」を行ってきました。スクールミーティングでは大臣だけではなく、現役の官僚たちも学校現場へと足を運びます。
　「現場主義は他の役所では進んできてますから、そういうことをやってなかったのは文部科学省だけになっているという。一番現場を知らなくちゃいけない役所が遅れていたというのは『危機』でしょ。」(文部科学省　坪田知広　課長補佐)
　坪田さんが抱く危機感のもう一つの背景は、去年12月、国際的な学力調査で明らかになった「日本の子供たちの学力低下」です。文部科学省はこの調査結果を受けて、3年でゆとり教育の大幅な見直しを決めました。

「偏差値でははかれないような本当の生きる力を総合的な学習の時間で育むことができる。」(教師)

ゆとり教育の象徴である総合的な学習の時間を削減しないで欲しいと訴える教師。この問題をめぐってスクールミーティングでは様々な意見が飛び交います。

「総合的な学習の時間のハッキリしたビジョンがないままに入って非常に戸惑っています。」(女性教師)

「総合的な学習を取り入れたりして、子供たちに新たな学習をつけようとしてやってきたものの、正当な評価がまだ出来ていないのではないか。」(男性教師)

一方、5日開かれたタウンミーティングでは、現役の高校生から、こんな質問が投げかけられました。

Q:「(生徒には)『ゆとり教育』と言われてますが、『ゆとり』というものは何か本当に分かっていないので、『ゆとり教育』といわれても実感がないのですが、そこらへんをどう考えていますか。」(現役の高校生)

A:「むしろ私が知りたいということですね、スクールミーティングにいきましてですね、どういうふうな『総合的学習』をしていただいているのか、されているのかということを見ているところでございます。」(中山成彬 文部科学相)

ゆとり教育の見直しという大きな枠の中で、現場の声をどのように政策に反映させていくのか。文部科学省の姿勢が問われています。

単　語

ゆとり教育(ゆとりきょういく)	宽松教学
見直し(みなおし)	重新认识；重新评价
取り組み(とりくみ)	(所从事的)研究工作
本音(ほんね)	心里话；真心话
役所(やくしょ)	政府机关；官署；官厅

大幅(おおはば)	大幅度
ユーザー	用户;消费者
足を運ぶ(あしをはこぶ)	前往
育む(はぐくむ)	培养,培育
飛び交う(とびかう)	交错乱飞
ビジョン	构图;前景
戸惑う(とまどう)	不知所措
タウン	城;城市

表現

一、～だけでなく～も
接続 体言;用言・助動詞連体形
意味 不仅…而且…

1) 若者だけでなく、老人や子供達にも人気がある。
   不仅是受年轻人,也受老人和儿童的欢迎。
2) 挨拶は、相手の心を豊かにするだけでなく、自分自身の心も晴れ晴れとなります。
   寒暄不仅使对方的心灵充实,自己的心情也会变得轻松愉快。
3) クラシックだけでなく、ジャズも好きだ。
   我不仅喜欢古典音乐,也喜欢爵士乐。
4) 健康を維持するためには、栄養をとるだけでなく、適度の運動も必要です。
   为了保持健康,不仅要摄取营养,适度的运动也是必要的。
5) 彼は優しいだけでなく、勇気もあります。
   他不仅心肠好,也很有勇气。

二、～ものの
接続 用言・助動詞連体形
意味 虽然…但是…

1) 体に負った傷はいつかは治るものの、心に受けた傷は一生癒

されないに違いない。
身体遭受的伤总有一天会痊愈,但是,心灵蒙受的创伤无疑一生都无法愈合。
2) 日本国民は、政府に対する関心が、一方では高まっているものの、他方では腐敗した政府に対する失望のムードも蔓延している。
日本国民对于政府的关心,虽然一方面在提高,但另一方面对于腐败政府的失望情绪也正在增加。
3) 一人でできるとは思うものの、時間がかかるだろう。
虽说一个人也能行,但也许费时间。
4) 招待状は出したものの、他の準備は全くできていない。
请帖是发出去了,但其他准备一点也没做。
5) 引き受けたものの、どうしたらいいか分からない。
虽然接受了,但不知道怎么办才好。

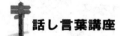話し言葉講座

3. わかりやすい語し方

　口語の中で一番最初の基本は、何をさておき「わかりやすい話し方」です。なぜなら、自分の考えを「口から発する言葉」という手段で相手に伝えるには、相手が理解しやすいことが重要になってくるからです。そこで、正確なアクセント、正確なイントネーション、情報を受け入れやすい(聞きやすい)スピード、声の高さ、滑舌の良さ、耳障りにならない声の大きさなどが求められます。日本語も例外ではありません。
　我々は「あ、い、う、え、お」という声を発して、日本語を習い始め、それからというもの、何らかの声を発して日本語の会話生活をしています。そのため普段何気なく発している言葉のすべてが自分自身の日本語の話し方となっているのです。つまり、この何の気なしに話している言葉があなたの現在の日本語の話し方の基本と

なってしまっているのです。何十万人と言われる日本語学習者の中に実際に流暢でわかりやすい話し方をしている人はどれくらいいるのでしょうか。極少ないのです。日本語の話し方の上手な人でも、最初から、わかりやすい話し方をしている人ばかりではありません。わかりやすい話し方の訓練をしていたからです。

なぜ話す訓練が必要かというと、日本語の会話力の達者な人は、もれなく、アクセントやイントネーションが正確です。この正確なアクセント、イントネーションを身に付けるには、普段学生時代に勉強する時には、正確に学び、そして、実践に移すことが重要です。自己流で学んだものは、本人が納得しても、他人には正確に伝わらないのです。

同じように話すスピードもそうです。早すぎても遅すぎても聞きにくくなり、イライラしてしまうことがあります。話す状況や話の流れやタイミングによって話すスピードは変える必要があるのですが、相手に対して不快を与えてしまうようなスピードで話していては全く意味がありません。話すスピードによって相手に与える印象が違います。

声の大きさも例外ではありません。声の大きさも話すスピードと同様に状況によっては変える必要がありますが、それでも基本は相手に聞こえる声で話すことです。いくら自分は声が元々大きいからと言っても、二人きりで話をするときに大きな声を張り上げて話をされても迷惑なのは想像がつくでしょう。自分で学んだ日本語が聞きやすくて、わかりやすいのは、やはり、悪い自己流ではなく、良い基本があってからこそなのです。

補充単語

経済貿易用語 3

认购	引き受けて購入する（ひきうけてこうにゅうする）
三包	修理・取り替え・返品を保証する

	(しゅうり・とりかえ・へんぴんをほしょうする)
上门服务	訪問修理
商品房	分譲住宅(ぶんじょうじゅうたく)
生产工艺	製造プロセス技術(せいぞうプロセスぎじゅつ)
收件人姓名	宛名(あてな)
收件人	受取人(うけとりにん)
双轨制	二重制(にじゅうせい)
条条框框	古いしきたりや制限(ふるいしきたりやせいげん)
投资渠道	投資ルート(とうしルート)
吞吐能力	貨物取り扱い能力(かもつとりあつかいのうりょく)
温饱问题	衣食の問題(いしょくのもんだい)
下海	天下りする(あまくだりする)、脱サラ(だつサラ)、実業界へ転身する(じつぎょうかいへてんしんする)
泄露机密	機密漏洩(きみつろうえい)
央行贴息率	公定歩合(こうていぶあい)
以次充好	不良品を優良品と見せかける(ふりょうひんをゆうりょうひんとみせかける)
优化	最適化する(さいてきかする)
优惠价	奉仕価格(ほうしかかく)
伪劣商品	偽物、粗悪商品(にせもの、そあくしょうひん)
效益工资	付加給(ふかきゅう)
招标投标	入札落札(にゅうさつらくさつ)
支付定金	手付を打つ(てつけをうつ)

第三課

转户头	口座に振り込む（こうざにふりこむ）
自负盈亏	独立採算制（どくりつさいさんせい）
子公司	子会社（こがいしゃ）
自主经营	独立経営（どくりつけいえい）
租赁合同	リース契約（リースけいやく）

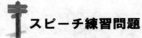スピーチ練習問題

1. 人間関係の理想的なありかたについて貴方の考えを言ってみなさい。
2. 「ゆとり教育」とは何か、中国の教育に対して、何か示唆的な意味があるか話しなさい。

第四課

 本　文

1　少子化のゆくえ、札幌と北九州の現状

　少子化が止まりません。1人の女性が生涯に産む子供の数＝合計特殊出生率は1.25で、過去最低記録を更新しました。
　少子化を食い止めるためには一体どうしたらいいのか考えてみたいと思います。政令指定都市で最も出生率の低い札幌市と最も高い北九州市、二つの街にどんな違いがあるのでしょうか。
　札幌の専業主婦、内山真美さん(42)は1歳7ヵ月の娘、琴音ちゃんにかかりっきりの毎日を送っています。夫と子どもの3人暮らしです。実家は離れているため、子育ての負担は母親の内山さんに集中しがちです。
　子育てを通じて知り合った母親たちの多くも、転勤で札幌に来た核家族世帯です。三世代同居家族が少ない地域ほど出生率は低くなります。核家族では育児の負担が母親に集中します。札幌は、全国でも核家族の割合が高いのです。
　イベントを運営する仕事をしていた内山さんは20年近く続けた仕事を、出産を機に思い切ってやめました。子育てのために仕事をやめざるを得なかったのは内山さんだけではありません。子育て世代の既婚女性で、仕事を持っていない人が多い地域の方が出生率が低いです。つまり、仕事と子育てが両立しにくいのが札幌の少子化の要因の一つとも言えます。
　内山さんの夫が仕事から戻るのは午後10時過ぎで、子育てには

すすんで協力してくれますが、平日はどうしても子供と二人きりの時間が長くなります。夫の労働時間が長いほど、出生率は下がります。サービス業が中心の札幌は、週60時間以上働く男性の割合が政令指定都市の中で最も高いのです。

札幌の合計特殊出生率は1.01です。全国の政令指定都市の中で最低を記録しました。今の札幌は、日本の未来の姿だと専門家は指摘します。

「少子化の原因になるいろんなものが札幌に、北海道にたくさん見てとれる」とある大学の教授が言っています。

一方、こちらは合計特殊出生率1.35と、政令指定都市の中でトップを誇る北九州市です。ここは市の中心部にある保育園で、今からそろって夕食の時間です。北九州市は最も子育てしやすい街で、東京のNPO法人が全国48の都市を対象に行った子育て環境の調査で、北九州市を政令指定都市のナンバーワンに選びました。

その理由の一つは、充実した保育環境です。この保育園の開園時間は朝7時から深夜0時までで、民営の認可保育園ですが、保育料は公立と変わらず夜間料金などの上乗せもありません。

北九州市では延長保育の導入が進んでいて、小学校入学前の子供5人に一人が受けられる計算です。子供一人当たりの施設数はもちろん、一時保育、休日保育も政令指定都市の中で1、2位を誇るのです。

そしてもう一つ、NPOが称賛する理由ですが、それは、充実した小児救急医療です。全国的に小児科医不足が問題になっている中で、北九州市内には24時間対応の小児救急病院が4ヵ所もあります。また、周辺15の病院で連係をとって治療に当たるシステムも導入します。全国でも珍しいシステムです。

少子化が進む街と子供を産み・育てやすい街、急激な少子化の波はもはや家庭だけでは食い止められないことをこの二つの街が示しています。

単　語

少子化(しょうしか)	少子化
生涯(しょうがい)	一生,终生
食い止める(くいとめる)	防止,阻止
子育て(こそだて)	养育子女
転勤(てんきん)	调动工作
核家族(かくかぞく)	(由夫妇与未婚子女组成的)小家庭
世帯(せたい)	(自立门户的)家庭,户口,户
割合(わりあい)	比例
イベント	活动,集会
両立(りょうりつ)	两者兼顾
トップ	最前头,首位,第一位
誇る(ほこる)	自豪,夸耀
上乗せ(うわのせ)	追加,另加
称賛(しょうさん)	称赞
小児(しょうに)	小孩
連係(れんけい)	联系,相互关联

表　現

一、～(っ)きり

接続　動詞連用形
意味　一直,全身心地

1) 母親は病気の子供をつきっきりで看病した。
   母亲寸步不离地照料生病的孩子。
2) 彼女は3人の子供の世話にかかりっきりで、自分の時間もろくにない。
   她全身心地照看三个孩子,没有一点自己的时间。
3) 彼はうつむいて読みきりで、分析したりしなかった。
   他只是低头看书,也不做分析。

4) 山田さんは病気になっても医者に見てもらわず、たった寝きりで、何時になったら治るか、心配ですね。
山田得了病也不去看,只是躺着,真让人担心什么时候能好呢?
5) その病人には医師が3人つきっきりで看病に当たっている。
那名患者有三名医生寸步不离地照顾他。

二、～がち
接続 体言;動詞連用形
意味 常常…,动辄…,容易…

1) 何度も失敗すると、また失敗するのではないかと考えがちです。
几次失败后,常常会想是否还会失败。
2) 環境破壊の問題は、自分の身に迫っていないと、無関心になりがちです。
环境破坏问题不威胁到自身时,容易漠不关心。
3) 学生は試験がないと、怠けがちです。
学生没有考试就容易懈怠。
4) このごろ曇りがちの天気が続いています。
最近持续阴天。
5) 田中さんは留守がちだから、電話してもいないことが多い。
田中总是外出,给他打电话常常不在。

三、～ほど
接続 用言・助動詞連体形
意味 越…越…

1) 楽器の稽古を始める時期は、早いほどいいそうです。
听说开始练习乐器的时期越早越好。
2) 若いほど、新しい環境に慣れるのが速いです。
越年轻,适应新环境就越快。
3) 年を取るほど、物覚えが悪くなる。

越是上了年纪,记忆力越差。
4) 都心から遠くなるほど家賃は安くなります。
离市中心越远,房租越便宜。
5) 青年よ、大志を抱け！ 夢は大きいほどいい。
年青人,你们要胸怀大志,理想越远大越好。

四、～はもちろん(～も)

接続 体言
意味 …自不必说,连…也…

1) 英語はもちろん、フランス語もドイツ語も話せる。
英语不用说,法语德语也都会。
2) 彼はスポーツ万能で、テニスはもちろん、サーフィンもうまい。
他在体育上是个多面手。网球自不用说,冲浪也很棒。
3) この本は勉強に役に立つのはもちろん、見るだけでも楽しい。
这本书对学习有用自不待说了,就是只看着它也够令人愉快。
4) 医者は患者の体についてはもちろんのこと、患者の心の状態も知っておく必要がある。
医生要了解患者的身体状况自然不用说,还有必要掌握患者的心理状态。
5) 連休中は観光地はもちろん、デパートも人でいっぱいです。
长假时期,旅游胜地不用说,连百货店里也都是人。

五、～だけでは(～ない)

接続 体言;用言・助動詞連体形
意味 只是…(不)…

1) 見るだけではちょっと物足りないような気がする。
只是看看的话似乎觉得缺少点什么。
2) 才能があるだけでは成功できず、また成功しただけでは幸せ

になれないのが人生というものだ。
只有才能是不能成功的,而光有成功是不会幸福的,这就是人生。

3) 負けて悔しがっているだけでは、あのチームに勝てないよ。
输了比赛光是垂头丧气是不能战胜那个球队的。

4) ただ話しただけではあの人の本当のよさは分からない。
光和他说话是不能了解他的真正优点的。

5) スポーツはただ見るだけでは面白くない。
体育运动光看没什么意思。

2　少子化を巡る諸問題

少子化はどの程度進んでいるのですか。

　わが国の年間出生数は1973年以降減少傾向が続いていて、現在は当時の約半数(2003年54%)にまで減っています。出生率(合計特殊出生率)で見ても、当時最も高かった1971年の2.16から、2003年には4割減の1.29になっています。この数値は人々の1年間の子どもの生み方を示すもので、「生涯の子ども数」とは異なりますが、長期的に人口を維持できる水準の2.07よりかなり低く、こうした少子化の結果、わが国の総人口はまもなく減少を始め、また人口高齢化が進行します。

少子化の要因は何ですか。

　年間の出生数は、親となる世代の人口規模と、彼らの子どもの生み方(出生率)によって決まります。少子化過程の出生数の減少には、この両方、つまり親世代の縮小と、子どもの生み方の変化が同時に影響してきました。このうち、子どもの生み方が変わった最も大きな要因は、結婚の仕方が変わったこと(晩婚化・未婚化)です。これに加えて90年代からは結婚後の出生ペースの低下も見られるようになりました。なぜ、結婚の仕方や結婚後の子どもの生み方が変わったのかは、社会・経済の変化全体に関係しています。経済変化による働き方や消費生活の変化、男女、家族など社会関係や価値観の変化・多様化、さらにそうした変化と従来の慣行、制度との齟齬が指摘されています。そして、このような出生率の低下は、概ね先進国に共通した現象です。社会経済の変化にともなって、もし人々の間に、結婚や出産を望んでいるのに、しにくい事情が生じているとすれば、これを取り除く必要があります。

少子化が進むと日本はどうなりますか。

　まもなく日本の人口は減少を始め、労働人口の減少、とりわけ若い労働力の縮小と消費市場の縮小による経済への影響が懸念されます。また高齢化が進むことで年金、医療、介護などの社会保障費

が増加して、国民の負担が増大することも懸念されています。ただし、経済や生活は人口だけで決まるものではないので、そうした懸念を実現させないための仕組みを、国・自治体・企業をはじめ国民全体が協力して築いていけるかどうかが重要な点です。そして一番大きく変わるのは、なにより日本人の生き方――ライフコースだと思われます。「日本の将来推計人口」では、現在20歳前後の女性の6人に一人が生涯結婚せず(現在は20人に一人)、3割以上が子どもを持たないこと(現在は1割)が想定されています(2002年中位推計)。これは歴史的にも例のない社会だと思われます。その他、人口減少、人口高齢化の影響は社会全体に及ぶと思われます。ただし、そうした人口構成の変化は少子化(出生率の低下)だけでなく、寿命の伸びや人口移動によっても大きく影響されます。

単　語

数値(すうち)	数值
ペース	速度,进度
齟齬(そご)	分歧
指摘(してき)	指摘,指出
概ね(おおむね)	大约,大致
望む(のぞむ)	希望,期待
取り除く(とりのぞく)	除掉,去掉
懸念(けねん)	担心,挂念
ただし	但是
築く(きずく)	构筑
想定(そうてい)	设想

表　現

一、～による～
接続　体言＋による＋体言
意味　由于…造成的…

1) インターネットによる情報収集は、従来のやりかたより、スピードがずっと速くなった。
   通过因特网收集信息比以往的做法速度要快得多。
2) 不注意による事故は、もう二度と起きないように気をつけます。
   会注意再也不要因不当心而引发事故。
3) 火災は放火によるものと分かった。
   明确了火灾是人为纵火造成的。
4) 交通事故による死亡者は年々増加している。
   因交通事故而死亡的人数在逐年增加。
5) 冬は火の不始末による火災が起こりやすい。
   冬天容易因不小心而引起火灾。

二、〜をはじめ
接続　体言
意味　以…为首，…以及…

1) 社長をはじめ、社員全員が式に出席しました。
   以总经理为首的全体职员都参加了仪式。
2) ご両親をはじめ、ご家族の皆様によろしくお伝えください。
   请转达我对您的父母以及家人的问候。
3) テレビをはじめ、いろいろなメディアに紹介されたおかげで店は繁盛した。
   因为受到电视以及各种媒体的宣传，商店生意兴隆。
4) 大都市には交通渋滞をはじめ、さまざまな問題があります。
   大城市存在着交通堵塞等各种各样的问题。
5) 日本の伝統芸能として、歌舞伎をはじめ、能、狂言などが挙げられる。
   作为日本的传统艺术，以歌舞伎为代表，还可以举出能剧、狂言等。

三、～かどうか

接続 体言；用言終止形
意味 是否…

1) インプットした後、正しいかどうか確認してください。
   输入以后，请确认一下是否准确。
2) それが本物かどうかあやしい。
   那个是不是真的值得怀疑。
3) こんなに疲れてしまって、明日の朝6時に起きられるかどうか心配だ。
   这么疲惫不堪，真担心明天早上6点钟能否起得来。
4) 天気が悪いせいかどうか分からないが、どうも体の調子が変だ。
   不知道是否是天气不好的缘故，总觉得身体不舒服。
5) 出席するかどうかはその日の体調で決めさせていただきます。
   是否出席，请允许我根据当天身体状况决定。

話し言葉講座

4. 専門バカにならない会話力とは

　自動車、住宅、保険など様々な専門知識が必要な営業の方々がおります。また、研究や開発などのプレゼンテーションで特殊な専門技術などを説明しなければならない時があります。そのような内容を人に伝える時に重要となる会話力とはどのようなものなのでしょうか。
　専門的な内容について専門用語をバリバリ並べて話をするのは基本的に避けた方が得策のようです。知識の少ないお客様なら、話している側は分かっていても、聞いている側が意味が分からず、挙句の果てにはもういいと腹を立ててしまうかもしれません。また、専門家の前でのプレゼンテーションなどでも、共通の専門用語

は良いにしても、畑違いの専門用語に対しては、なかなか柔軟に理解できないことが多いようです。当然、話をした専門用語に対しては説明付加が必要になってしまうため、なかなか本来伝えたい本題まで到達できないということが起きてしまいかねません。

　問題は要点を強烈に相手に印象付けることが重要なのです。あれもこれもと話す内容を増やして言っては意図することがつかめなくなりますので、いかに簡潔にインパクトを与えるかを事前に考えておく必要があるのです。つまり、内容をいかに簡潔にするか、切り落とせる内容を上手に切り落とすのかです。そのためには内容ばかりにとらわれないことが重要なのです。極論で例をあげると、自動車の性能の良さを伝えたいのに、新しいコンデンサーを使用していると言われても、それこそ意図することが伝わらないのです。

　また、自分の専門だけに固着せず、商品ならその商品の全体の長所や短所を全体的に把握しておくことが必要なのです。そういったことが様々な分野の専門家を前にした時のプレゼンテーションなどにも役立っていくのです。専門バカになってしまい、本来伝えたいことが明確に伝わらなくならないように、上にあげたようなことにも気を使って会話をするように心掛けましょう。

補充単語

社会用語1

安家費	移転定住手当(いてんていじゅうてあて)
按揭	ローン
B超	超音波診断措置(ちょうおんぱしんだんそち)
白色収入	クリーン所得(クリーンしょとく)、正当な収入(せいとうなしゅうにゅう)
白条	空手形(からてがた)

办公自动化	OA化(オーエーか)
报摊	新聞販売スタンド(しんぶんはんばいスタンド)
菜篮子工程	生鮮食品プロジェクト(せいせんしょくひんプロジェクト)
财政包干	財政請負制度(ざいせいうけおいせいど)
产业重组	リストラ
炒股	株投資(かぶとうし)
超前消费	バブル消費(バブルしょうひ)
吃喝风	公費で飲み食いする風潮(こうひでのみくいするふうちょう)
酬宾	謝恩セール(しゃおんセール)
春运	旧正月混雑期特別輸送体制(きゅうしょうがつこんざつきとくべつゆそうたいせい)
出租柜台	レンタル売場(レンタルうりば)、商売用の売場を貸し出す(しょうばいようのうりばをかしだす)
大案	重大事件(じゅうだいじけん)
打擦边球	法律の隙間を狙う(ほうりつのすきまをねらう)
打工妹	出稼ぎ娘(でかせぎむすめ)
打狗队	野犬取り締まりチーム(やけんとりしまりチーム)
大亨	実業界の大物(じつぎょうかいのおおもの)、大金持ち(おおかねもち)
大款	ニューリッチ
倒卖	投機的転売(とうきてきてんばい)
大排档	屋台(やたい)

スピーチ練習問題

1. 少子化の原因は何か、それを防ぐには何かもっといい方法があるか、意見を述べなさい。
2. 少子化が経済に対する影響について述べなさい。

第五課

本文

1 自然環境が破壊されています

　様々な原因による「環境破壊」は、世界でも大きな社会問題とされています。実際、環境問題とはどういうものなのか。どんな原因があるのか。私たちにどんな影響を及ぼすのか。考えていきましょう。

　環境問題は、今や世界的規模と世界的に考えない限り、解決できない問題となっています。1987年にカイロで開催された、国連環境計画会議は、有害物質の適正な管理を世界各国に指示し、1989年にスイスのバーゼルで開催した会議では、廃棄物処理の監視を国際的に行っています。しかしながら、人々の健康や自然環境がここ数年できわめて悪化し、危機的状況になっています。こういったことをこれから、増やさないためにも、もっと私たちも環境破壊について知っていかなければなりません。

　いままで、経済は拡大する方向に進んでいました。たくさんの資源を使い、たくさん消費して、たくさんゴミを出してきました。しかし、資源には限りがあります。今まで、たくさんの二酸化炭素を出し、フロンを排出し、森林をなくしてきました。自然を破壊し続けてきました。では、これから、環境破壊しないために、資源を守るために、今までの豊かな生活をやめることができますか。身近にある、ほとんどのものが、資源を使ってできたものです。電化製品も、自動車も、冷暖房も。ありとあらゆるものは、資源を使っ

て作られたものです。生活が楽になっている分、資源は、常に減り続けているのです。便利で快適な暮らしをしている私たちは、自然と調和して生きている人の100倍もの資源をムダにしているのです。しかし今、環境破壊になるものすべてをストップさせてしまったら、今ある生活はどうなってゆくのでしょうか。それが、将来を担う子供たちにのしかかっているのです。今生きている私たちは、豊かな暮らしができているのかもしれません。でも、これから先、続くのでしょうか。森林がなくなると酸素がなくなります。土も悪くなります。植物が育たなくなります。水も汚染されたままになります。さらに、オゾン層が破壊されることによって、有害な紫外線を受け、病気にかかりやすくなり、生きていくのさえ困難な時代がやってくるのです。資源は、永遠に同じ量があるわけではありません。かぎりある資源を大切にしなければならないのです。ですから、もっともっと、私たち一人一人ができる対策を考えていかなければならないのです。

　地球温暖化やオゾン層破壊など地球規模の環境問題から、生活排水による河川の汚濁やダイオキシン・環境ホルモン問題、廃棄物問題などの生活に密着した公害・環境問題まで多くの問題を抱えている中、特に廃棄物については、身近な生活環境への影響のみならず、地球環境問題につながる問題であることから、その排出の抑制と再利用、適正な処理と不法投棄の防止等について、総合的な取り組みをしていきましょう。また、一般廃棄物・産業廃棄物については、再利用や適正な処理方法の検討を進めていきましょう。

　地球温暖化を防止するためには、自動車や家電製品等の購入や使用に際し、環境に配慮すること(ライフスタイルを省エネルギー型・循環型に転換する)により、二酸化炭素の排出量を削減することが重要であることから、家庭でできる温暖化防止対策の普及など、こうした活動を広げていき、もっと地球に優しいことをしていきましょう。

単　語

影響を及ぼす(えいきょうをおよぼす)	波及、影响
カイロ	开罗(埃及首都)
バーゼル	巴塞尔(瑞士北部的工商业城市)
エネルギー	能量
二酸化炭素(にさんかたんそ)	二氧化碳
フロン	氟利昂
担う(になう)	肩负,担负,承担
オゾン層(オゾンそう)	臭氧层
ダイオキシン	二噁英
汚濁(おだく)	污浊
環境ホルモン(かんきょうホルモン)	环境激素
際し(さいし)	正当…之际
ライフスタイル	生活方式

表　現

一、～ない限り

接続　動詞未然形

意味　只要不…就…，除非…否则就…

1) 今の法律が変わらない限り、結婚したら、夫婦は、どちらかの姓を名乗らなければならない。
   只要现今的法律不改变,结婚后夫妇两人必须采用某一方的姓。
2) 大都会は危険だと言われているが、夜遅く一人で歩かない限り、安全だ。
   虽然说大城市危险,但是,只要不一人深夜独行,还是安全的。
3) 向こうが謝らない限り、許さない。
   只要对方不认错,就不原谅。

4) 先生が許可しない限り、この部屋には入れません。
   除非老师允许,否则不能进这个房间。
5) 彼は頑固だから、よほどのことがない限り、自分の意見を変えることはないだろう。
   他很固执,所以没有天大的事,是不会改变自己意见的。

二、～のみならず
接続 体言；用言・助動詞連体形
意味 不仅…而且…

1) 人口の大都会への流入は、日本のみならず、世界各国で起きている現象だ。
   人口向大都市的流动,不仅是日本,也是在世界各国都发生的现象。
2) わが社も厳しい経営環境にさらされており、不採算事業からの撤退のみならず、大幅に人員削減も迫られている。
   本公司面临严峻的经营环境,不仅要从非赢利项目中撤出,而且将被迫进行大幅度的裁员。
3) 口先のみならず、実際に行動しろ。
   别光动嘴,要有实际行动。
4) 彼の言うとおりにすれば、手間が省けるのみならず、経費も節約できる。
   如果按照他的话去做,不仅省事而且省钱。
5) 経理があいまいであるのみならず、不正出費もかなりあるようだ。
   不仅会计账目模糊不清,不正当支出似乎也相当多。

2　人口減少と高齢の影響は

　日本の環境省がまとめた今年の環境白書は、昨年から始まった人口減少時代の環境保全策について考えています。農山村、都市部とも高齢化が進む中で双方の環境保全をいかに進めていくかが主な課題です。手遅れにならないように今のうちから幅広く対応策を打ち出していく責任があります。

　白書の主なテーマは「人口減少と環境」と「環境問題の原点——水俣病の50年」です。

　今年は行政が水俣病を公式に確認して五十年になるが、なお多数の人々がいわゆる公害健康被害補償法に基づく認定申請をしたり、損害賠償請求訴訟を起こしたりしています。ここまで救済が遅れた原因の一つには、縦割り行政によって責任の所在が曖昧になった点などが指摘されてきました。

　実は水俣病の重い教訓として残る縦割り行政の克服が、人口減少時代のあるべき環境保全対策にも問われています。

　農山村では人口減少に加えて高齢化が急速に進み、田畑の耕作放棄が著しいです。集落の維持が難しくなっている所も少なくないのです。財源不足の中の広域合併によって、周辺部の行政施策の切り捨てに拍車がかかる懸念もあります。

　衰退が進みそうなのが、人と自然のかかわりあいの中で作り出されてきた里山です。その要の水田が野や山に返れば、営々と保持されてきた生物多様性が失われ、二度と回復しないでしょう。

　地域農業や地域社会のありようを抜きにして環境保全は語れないし、実現もできません。農林水産省との連携が一段と重要になってきます。

　都市部においては居住の都心回帰の動きが各地で見られています。高齢者が生活の利便性を求めて郊外の団地から中心部のマンションなどへ移る傾向です。中でも中小都市にとって、都心部へ施策を集中できれば投資効率は上がります。

白書はこうした都市のコンパクト化が全国に広がると想定しています。その結果生じる郊外の遊休地などを、憩いの場として自然復元・再生していく必要があるとしています。
　都市構造の改変には国土交通省、経済産業省、厚生労働省などが大きなかかわりと権限を持っています。それだけに環境省は白書作成に当たってこれまでになく他省との協議、意見交換を深めたといいます。
　ただ環境省は国交省、農水省など事業官庁とはおのずから違う理念と役割があってこそ存在価値があるのです。環境保全の観点から何をしていくべきか、絶えず自らに問っていく初心を忘れたくありません。

単　語

手遅れ(ておくれ)	耽误,为时已晚,错过时机
幅広く(はばひろく)	广泛地
テーマ	主題
水俣病(みなまたびょう)	水俣病
補償(ほしょう)	补偿；赔偿
基づく(もとづく)	根据,基于
訴訟(そしょう)	诉讼
縦割り(たてわり)	直线领导
曖昧(あいまい)	暧昧
田畑(たはた)	田地
切り捨て(きりすて)	切下扔掉,舍去
拍車がかかる(はくしゃがかかる)	加速,加快,促进,推动
衰退(すいたい)	衰退,衰颓
里山(さとやま)	山林
連携(れんけい)	联合,合作,协作
コンパクト	小型而内容充实的；紧密的
憩い(いこい)	休息,休憩

初心(しょしん)　　　　　　初衷
絶えず(たえず)　　　　　　不断地

表　現

一、～を/は抜きにして

接続　体言

意味　没有…,除掉…

1) インターネットを抜きにして、今の情報化社会は考えられない。
   如果没有互联网,就不能想象如今的信息化社会。
2) 今や、コンピュータのない生活が出来ないのと同じように、語学教育もコンピュータ利用を抜きにしては語れない状態が進んでいる。
   如今,好比没有电脑就不能生活一样,语言教学也正在呈现出不利用电脑就无法讲授的状况。
3) 妻の協力を抜きにしては、私は何1つできなかったと言えるだろう。
   可以说没有妻子的帮助,我一事无成。
4) 冗談は抜きにして、お互いに真剣に話し合おうよ。
   别开玩笑了,我们还是认真谈谈吧。
5) 感情は抜きにして、冷静に話してください。
   请抛开感情,冷静地说。

二、～こそ

接続　体言；動詞連用形＋て

意味　正是,只有…才…

1) これこそ、私が前からほしいと思っていたものだ。
   这才是我很早就想要的东西。
2) 大学入試の改善や個性的な大学づくりを幅広く進めてこそ、教育の多様化は実りあるものになるだろう。

也许只有广泛推进高考的改善和个性化大学的创建,才能使高等教育的多样化富有成效吧。
3) 親から自立することこそ、今の私の最大の目標です。
离开父母独立是我现在的最高目标。
4) 環境保護を実践することこそ、21世紀の人類が生きる道だ。
只有实施环境保护,才是21世纪人类生存的途径。
5) 過ちを認める勇気こそ大切だ。
承认错误的勇气才是最重要的。

話し言葉講座

5. あがらない話し方

　スピーチをするとき「絶対あがるまい」と思うと、余計あがります。好きな人の前で、普通に振舞おうとすればするほど、動作や言葉がぎごちなくなります。そういうことがよくあります。懸命に努力しているのに、かえって結果がわるくなるのはなぜでしょうか。

　それは自然に反するからです。例えば人前でしゃべり慣れていない人は、あがって当然です。にもかかわらず、「あがるまい」とします。自然の法則に逆らうから、かえって結果はわるくなります。これを「努力逆転の法則」というのです。

　努力はただすれば報いられるものではなく、効果があるように工夫をしなければならないのです。では、どのように工夫すればいいですか。まず意志を捨てることです。「あがるまい」というのは意志です。そのような意志をもってもあがるのは、意志とは別に「あがる自分」を想像しているからなのです。

　意志と想像が争うとき、いつも勝つのは想像です。ですから、いくら強固な意志をもっても、心の奥底ではそれとは反対の自分を想像してしまいます。そして想像のほうが勝ってしまうのです。

　意志を持つことは簡単です。「今日からタバコをやめよう」と思

うのは意志です。意志を持つに至った理由も極めて理にかなっています。「タバコは健康によくない」「金銭的にもバカにならない」「他人を不愉快にする」「アメリカのエリートは吸わない」「やめれば女房も子供も喜ぶ」など、何れも立派な理由ですから、確固たる意思を固めれば、やめられそうなものです。

　だが一服する自分のリラックスした姿を想像した時、もうタバコに手が出ているのです。いくら意志を強固にしても想像にはかないません。他のことについても同じことが言えます。いくら努力しても結果の出ない人は、努力する意志があることはまちがいありませんが、想像でそれを台無しにしているのです。

　人前であがらない最良の方法は「あがるまい」という意志を捨てることです。あがって当然なのだから、「きっとあがるだろう」でいいのです。ただし、そのあとでこう付け加えます。「あがるけれども、きっとうまくいく」。これなら精神の緊張がほぐれますから、あがってしどろもどろながらも、人から好感をもたれる自分が想像できます。人生すべからくこの方式でいけばよいのです。

補充単語

社会用語2

大腕	トップスター
点名費	医師指名料金(いししめいりょうきん)
动迁	立ち退き(たちのき)
富余人員	国有企業の余剰人員(こくゆうきぎょうのよじょうじんいん)
干部梯队	世代別の幹部集団(せだいべつのかんぶしゅうだん)
岗位责任制	職場責任(しょくばせきにん)、職場定員制(しょくばていいんせい)
公費旅游	公費で観光旅行をする(こうひでかんこうりょこうをする)

公关小姐	PR嬢(ピーアールじょう)
工资单	給与明細(きゅうよめいさい)
官倒	役人ブローカー(やくにんブローカー)
关系网	人脈(じんみゃく)
贵族学校	豪華な私立学校(ごうかなしりつがっこう)
股民	株式の個人投資家(かぶしきのこじんとうしか)
国库券	国債(こくさい)
黑车	白タク(しろタク)
合同工	期限付き契約労働者(きげんつきけいやくろうどうしゃ)
红包	つけとどけ
红眼病	妬み病(ねたみびょう)
回扣	リベート、バックマージン、コミッション
灰色收入	公認の違法所得(こうにんのいほうしょとく)
基本工资	基本給(きほんきゅう)
精品店	ブランド・ショップ、ブティック
精品	高級ブランド品(こうきゅうブランドひん)
禁区	立入禁止区域(たちいりきんしくいき)
旧街改造	旧市街の再開発(きゅうしがいのさいかいはつ)
吉祥物	マスコット
孔雀东南飞	人材が東南部に集まってしまう(じんざいがとうなんぶにあつまってしまう)
劳务费	勤務手当(きんむてあて)

スピーチ練習問題

1. 普通の庶民として、どうやって自然環境を守るか、言ってみなさい。
2. 人口の減少と高齢の影響について言ってみなさい。

第六課

本文

1　地球が危ない

　私達人類が生まれた日、地球は澄み切った空をもち、青々とした緑に覆われていました。それから約400万年、現在の地球の空や緑は、その頃の輝きを失いつつあります。一体何が原因で、このようなことになってしまったのでしょう。

　それは、私達の生活が便利になることと引き換えに起こってしまったのです。17世紀後半、産業革命により技術革新が進み、やがて移動の手段は徒歩から自動車や電車に、燃料は薪から石油やガスに変わり、食べたいものは時期を問うことなく食べられるようになりました。こうして、私達は自然の流れとは別の生活リズムを持ち始め、次第に自然との調和を失い始めたのです。この調和が崩れていくのと同時に、世界規模での問題が生まれてきました。それが環境問題です。

　多量の二酸化炭素の排出による地球温暖化、フロンガスによるオゾン層の破壊、生活排水や工場排水による川や海の汚染など、環境の問題は私達一人一人の生活と大きな関係があるのです。なかでも、ごみや生活排水の問題はもはや無視できなくなってきました。私達の暮らしが便利になり、豊かになればなるほどごみの量が増え続け、そのごみを処分する埋め立て地はもう飽和状態です。また、毎日使う洗剤や油は下水道を通って、川や海へと流れ込み、確実に環境を汚染しているのです。

地球の環境は、大気や水、土壌、生物、緑などがお互いに関連し合って成り立っています。これらのバランスは、地球が誕生してからずっと長い間保たれてきました。しかし、私達人間は便利な生活を追及し、自然との調和を忘れたばかりに、少しずつ環境を悪化させてしまったのです。今まで何億年もの間保たれてきた地球環境のバランスが今崩れようとしています。人間は地球を破壊するために生まれてきたのでしょうか。

　このような問題をどのように改善していくべきなのか。それは、私達の生活一つ一つを見直し、実践していくほかありません。地球の環境を守り、地球に住むすべての生物を守るために、出来ることから始めてみましょう。

単　語

澄み切る(すみきる)	清澈;晴朗
青々とした(あおあおとした)	碧绿;青绿
覆う(おおう)	蒙上,盖上,遮盖
輝き(かがやき)	光辉,辉耀
徒歩(とほ)	徒步
燃料(ねんりょう)	燃料
薪(まき)	木柴
ガス	气体;煤气
リズム	节奏
次第に(しだいに)	渐渐地
調和(ちょうわ)	调和,协调,和谐
なかでも	尤其
埋め立て地(うめたてち)	填筑地,填拓地
バランス	平衡
崩れる(くずれる)	崩溃,瓦解

表　現

一、～ことなく

接続　動詞連体形
意味　没有…，…不

1) 山田君は大学に入ってから一日も休むことなく勉強を続けていました。
   山田君进入大学后一直坚持学习，没有请过一天假。
2) 健康で快適な暮らしを追求する現代の住宅には、冷暖房効率をそこなうことなく、消費電力や騒音の発生を抑える高性能エアコンが必要である。
   追求健康舒适生活的现代住宅中，需要不损耗冷暖气设备的效率，并能抑制电力消耗以及噪音产生的高性能空调。
3) この台風は日本に上陸することなく、東へそれた。
   这次的台风没有在日本登陆，转向东面去了。
4) 彼女は一家の生活のために、日曜日も休むことなく会社に出る。
   她为了一家的生活，星期天也不休息，去公司上班。
5) 人間は病気にかかることなく生きていられたら、どんなにすばらしいだろう。
   人如果能活着不生病该多好啊。

二、～ばかりに

接続　用言・助動詞連体形
意味　只因为…，就因为…（带来消极的结果）

1) あまり将来のことを考えずにこの仕事を選んだばかりに、今、苦労ばかりしている。
   只是因为没有考虑将来而选择了这份工作，所以现在尽受累。
2) 法律的な知識がないばかりに、損をすることが少なくない。
   就因为缺乏法律知识而吃亏，这种情况不少。

3) 少し生水を飲んだばかりに、おなかを壊してしまった。
   只因为喝了点生水,就搞坏了肚子。
4) うっかり口を滑らしたばかりに、彼をすっかり怒らせてしまった。
   只因为说漏了嘴,使得他大发雷霆。
5) 忠告をしたばかりに、恨まれてしまった。
   就因为劝告了他,才招来了怨恨。

2　音楽公害

　　ヨーロッパへ行き、音楽家の故郷を訪ねてみると、ほとんどが実に静かな場所であるのに気がつきます。郊外の森、湖のほとり、小さな村、そこには小鳥や風のそよぎがあるだけで、しんと静まり返っています。本当の音楽というのは、そのような静寂から生み出されるものであることが、よく分かります。

　　日本人は音楽が好きな国民だと言われています。クラシックからジャズからロックから、世界中のありとあらゆる音楽が聞けるこの国には、しかし、静けさがありません。どこへいっても音楽だらけなのです。

　　今年の春、琵琶湖畔の彦根城を訪れました。湖をのぞむ静かな城を期待していたところ、天守閣に登る坂の途中で音楽を流していました。その巨大な琴の音で、たちまち私の感覚が狭められ、美しい景色どころではなかったのです。

　　それでは、もっと田舎へ行けばよいかと、能登半島の奥まで行ってみましたが、西海岸の絶景で知られる場所には、なんと歌謡曲が鳴り立てていました。波の音も海鳥の鳴き声も聞こえませんでした。

　　名所といえば、何か音楽を流します。絶景で人が集まると思えば、また音楽です。音楽によって景色に色がつけられ、本当の美しさを味わえなくなってしまいます。

　　都会の事態は、もうどうしようもありません。繁華街には、あらゆる種類の音楽が、耳を塞ぐ余裕を与えないぞとでも言うように、スピーカーが音量いっぱいで、響いています。

　　そこへ宣伝車の音楽も加わってきます。軍歌、歌謡曲、ロックが人々の鼓膜を引っかきます。そして、警察は全くそれを取り締まりません。いや、それどころか、警察の広報車が歌謡曲を流して、交通安全を呼びかけています。あんまり警察の車がうるさくて、授業が出来ず、私の大学の同僚が警察に電話したところ、騒音基準より下の音だから適法だという答えでした。その後も相変わら

ず、広報車は、音楽をばらまき続けています。

　喫茶店やレストランに入れば、また音楽です。せっかく物事を考えたり、人と話をしようとするのに音楽が邪魔してしまいます。私は音楽無しの店を探し、二、三は発見して、行きつけの店としています。しかし、出先では、店の外で音楽の有無を知ることが出来ず、どうにもなりません。

　夜、飲みに行けば、また音楽です。クラシック、ジャズ、ポップスなど酒を飲む時にさえ音楽と付き合わなければならないのです。それに昨今流行りのカラオケが加わります。下手な他人の歌を聞かねばならないカラオケなんかが私は大嫌いで、それがある店には二度と足を踏み入れないようにしています。

　私が、今、日本中を充たしている音楽がいやなのは、音楽を強制されるからです。聞きたくもない音楽を聞かねばならないのは、なんと不自由な国でしょう。

　もし、日本中から音楽がなくなり、静かな田舎や都会になったらと空想することがあります。そうしたら、初めて人は自分の聞きたい曲を聞き、しみじみと音楽を楽しめるようになるでしょう。

単　語

小鳥(ことり)	小鸟
戦ぎ(そよぎ)	微微摇动
静まり返る(しずまりかえる)	寂静,万籁俱寂
静寂(せいじゃく)	寂静
ありとあらゆる	全部,所有
彦根城(ひこねじょう)	彦根城
琴(こと)	古琴
絶景(ぜっけい)	绝景
鳴り立てる(なりたてる)	轰鸣,怒叫
海鳥(うみどり)	海鸟
塞ぐ(ふさぐ)	塞住,堵住

鼓膜(こまく)　　　　　　　　鼓膜
引っかく(ひっかく)　　　　　　扰,搔
呼び掛ける(よびかける)　　　　呼吁,号召
ばら撒く(ばらまく)　　　　　　散布,撒
行き付け(ゆきつけ)　　　　　　常去
充たす(みたす)　　　　　　　　充满,填满

表　現

一、～たところ(が)
接続　動詞連用形
意味　…、结果…,虽然…但是…

1) 遅れて急いで行ってみたところが、まだ誰も来ていなかった。
   以为迟到了,急急忙忙地赶去,结果一个人也没来。
2) 本人に確かめたところ、彼はそんな所へ行ったことがないという。
   向本人确认后,得知他没有去过那种地方。
3) 思い切って頼んでみたところが、意外に簡単に引き受けてくれた。
   鼓足勇气求了他,结果出乎意料,他竟然轻易地答应了。
4) たいして勉強しなかったところ、成績は思ったほど悪くなかった。
   并没有很用功,成绩却没有想象的那么差。
5) 彼のことを考えていろいろ注意したところが、返って恨まれてしまった。
   为他着想而对他作了很多提醒,结果却遭到了怨恨。

二、～どころではない
接続　体言；用言連体形
意味　哪儿谈得上…,哪能…

1) 忙しくてテレビを見るどころではない。

忙得根本谈不上看电视。
2) 母が危篤なので、落ち着いて勉強するどころではない。
因为妈妈病危,哪能静下心来看书。
3) こう天候が悪くては海水浴どころではない。
如此恶劣的天气哪能去洗海水浴。
4) この一ヶ月は来客が続き、勉強どころではなかった。
这一个月客人不断,哪能学习啊。
5) 簡単な会話さえ出来ないのだから、通訳どころではない。
连简单的对话也不会,哪能翻译呢。

三、～どころか

接続 体言；用言連体形
意味 非但…反而…,岂止…也…

1) 雨は止むどころか、大降りになってしまった。
雨非但没有停,反而更大了。
2) 素人がやっているのだから、もうかるどころか損ばかりしている。
因为是外行在搞,所以非但没有赚,还净赔了。
3) 休むどころか、平日以上に忙しい。
不要说休息了,比平时还忙。
4) 彼のためにしたのに、感謝されるどころか、逆に恨まれてしまった。
明明是为他做的,非但没有受到感谢,反而招来了怨恨。
5) のどが痛くて、食事どころか水を飲むのも辛いんだ。
嗓子痛得别说吃饭了,连喝水也难受。

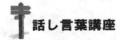
話し言葉講座

6. ビジネスマンの重要な条件

議論や討論に強いということは、ビジネスマンの重要な条件

です。
　ずらりと重役が並ぶ会議でも、お得意様が多数列席するという特約店の大会議でも、新人、同僚が並ぶ会議でも、どんな会議においても、気後れしないで、位負けしないで、自分の意見を論理的に堂々と主張できることが一流ビジネスマンの条件です。
　社長や専務の質問に対して論理的に答えられるか、あるいは、逆に役員に対して論理的な質問や反論が出来るか、あがったり、興奮したり、支離滅裂になったりしたら、失格です。
　試みに貴方の職場のエース級の人物を見てください。例外なく、議論や討論やスピーチの名人であるはずです。「沈黙は金」で一流になった人はむしろ例外と見たほうがいいです。特に社長で議論好きでない人がいたら、お目にかかりたいくらいです。
　議論や討論に強くなるようにする目的の一つにリーダーシップの育成があります。リーダーシップとは、言葉を駆使して指示命令を発し、言葉で激励し、言葉で士気を鼓舞し、場合によっては、言葉で慰めたりする能力です。
　もちろん行動力は言うまでもないのです。これがリーダーのリーダーシップです。
　要するに、どんな組織でも、リーダーの能力を証明する重要な要素の一つが「言葉の能力」、即ち言語能力です。
　言葉を使えない人間は、リーダーになる資格はないと言ってもいいのと同じように、不自由なく日本語が話せない人は、立派な日本語習得者とは言えないのです。ですから、人前でスピーチするのは、言葉の能力を育成する有効な方法です。

補充単語

社会用語3

両極分化	貧富の差が拡大すること(ひんぷのさがかくだいする)、格差(かくさ)、ギャップ
绿色标志	エコマーク

民工潮	出稼ぎブーム（でかせぎブーム）
明星出场费	人気スターの出演料（にんきスターのしゅつえんりょう）、ギャラ
瓶颈	ボトルネック
取经	経験を学ぶために視察に訪れる（けいけんをまなぶためにしさつにおとずれる）
热线电话	ホットライン
入世	WTO加盟（WTOかめい）
三大件	三種の神器（さんしゅのじんぎ）
扫黄	ポルノ取り締まり（ポルノとりしまり）
申奥	オリンピック招致（オリンピックしょうち）
申博	万博招致（ばんぱくしょうち）
社区	コミュニティ
时装表演	ファッションショー
收购站	買付ステーション（かいつけステーション）
收银机	キャッシュレジスター
贪污	汚職（おしょく）、横領（おうりょう）
跳槽	転職（てんしょく）
网吧	ネットカフェ
性骚扰	セクハラ
希望工程	適齢児童就学助成プロジェクト（てきれいじどうしゅうがくじょせいプロジェクト）
亚太经合组织	アジア太平洋経済協力会議（アジアたいへいようけいざいきょうりょくかいぎ）APEC
一揽子计划	包括案（ほうかつあん）
有偿新闻	ちょうちん記事（ちょうちんきじ）、やらせ
招贤团	人材スカウト団
走穴	アルバイト出演（アルバイトしゅつえん）

第六課

スピーチ練習問題

1. 地球を守るために、貴方は日ごろ何かすべきことがあるか、話しなさい。
2. 「音楽公害」を読んだ後の感想を述べなさい。

第七課

本 文

1　現代文明への危険信号

　節分が過ぎ、今日はもう立春です。しかし、暦のうえでは、春だというのに、雪が降り、氷が張り、今年は例年になく厳しい寒さが続き、春は遠いようです。
　寒さよけの生活に慣れ切ってしまった私たちには、今年の寒さは一段とこたえたのではないでしょうか。
　その寒さというのも、よく考えてみますと、私たちの日常生活のあり方について、一つの教訓を与えているように思われます。大袈裟に言えば、現代文明に対する警告であり、危険信号が出されているとも言えそうです。
　曾て人間は、自然の厳しさに耐え、それに挑戦し、自然を征服して、現代の文明を築き上げてきたわけですが、暖房の施設が完備し、防寒用の衣類が普及し、さらに、乗り物の発達や地下道の建設などによって、その自然の厳しさを忘れてしまい、極めて日常的な自然現象にも、うろたえ、悲鳴を上げ、驚きの声を上げているような姿が、あちこちに目立ちます。
　人々は、ちょっと雪が降ると滑って転び、中には負傷するというケースもあって、自然の中を、まともに歩くことさえもできなくなっています。
　少し雪が降ると、交通機関のダイヤが乱れ、多くの人々が、寒さの中で震え上がっているという姿を生んでいます。僅か20センチ

程度の雪が降っても「食料品の買い入れができない」とか、「雪のために、生鮮食料品の入荷がない」と悲鳴を上げ、生活のリズムを狂わされて困っている人もあります。

冬に雪が降り、氷が張るということは、これは当然すぎるほど当然なことです。そのことを計算に入れて生きるということも、これもまた当然のことですが、人間は自然に適応して生きるということを忘れつつある、というよりも、自然に対して挑戦する意欲を失い、自然の脅威にさらされていると言ってもいいのかも知れません。

ビルの暖房がストップしてしまい、暖房用の石油やガスや電気が不足するような事態が起こった時に、果たして人間は、自然の厳しさに打ち勝って平然と生きていける自信が、あるのでしょうか。

豊かさと便利さに慣れ切った私たちは、もしも、社会事情の思わぬ急な変動や、自然現象の異変にぶつかった場合、忽ちパニック状態に悩まされることになるでしょう。

自然に適応し、挑戦する意欲を失ったなら、それは人類の危機と言わなければなりません。雪や厳しい寒さは、現代文明に対する一つの危険信号でもあるのです。

単　語

暦(こよみ)	日历,历书
寒さよけ(さむさよけ)	御寒
あり方(ありかた)	应有的状态
大袈裟(おおげさ)	夸大,夸张
嘗て(かつて)	曾经
耐える(たえる)	忍耐
征服(せいふく)	征服
築き上げる(きずきあげる)	筑起
防寒(ぼうかん)	防寒
うろたえる	惊慌失措

悲鳴を上げる(ひめいをあげる)	叫苦
ケース	情况,事例
まとも	认真,正经
ダイヤ	列车运行时刻表
震え上がる(ふるえあがる)	战栗,哆嗦
脅威(きょうい)	威胁
さらす	置身于,置于
忽ち(たちまち)	立刻,转眼间
パニック	惊慌,恐慌,混乱

表現

一、～そうだ

接続 動詞連用形；形容詞、形容動詞語幹

意味 ① 接形容词、形容动词或状态动词时,表示眼前的事物给人的感觉。意为"似乎…"、"好像…"。

② 接动词时表示即将发生。意为"眼看就要…"、"几乎要…"。

③ 表示主观推测、估计、感觉等对事物的表面印象。意为"看样子"、"可能"。

1) 始めは勝ちそうになったが、やはり負けてしまった。
   刚开始好像要赢的样子,结果还是输了。

2) 田中さんは嬉しそうにニコニコ笑っている。
   田中高兴地微笑着。

3) 子供が泣き出しそうな顔つきで、おもちゃをねだっている。
   孩子几乎哭出来的样子在闹着要玩具。

4) 雨が降りそうだから、この傘を持って出かけなさい。
   眼看就要下雨了,带着这把伞出去吧。

5) 会議がすぐ終わりそうだから、もう少し我慢しよう。
   会议看样子马上要结束了,再忍耐一会儿吧。

6) 道路は雪に埋もれて、車が通れそうもない。

道路被雪埋住了,车子看样子过不去。

二、～というよりも（～むしろ）
接続　体言；用言・助動詞終止形
意味　与其…倒不如…

1) 彼は慎重というより、優柔不断だ。
　　与其说他谨慎,不如说他优柔寡断。
2) 昨日の会議は議論というより、むしろ喧嘩みたいなものだった。
　　昨天的会议与其说是争论,其实更像吵架。
3) 彼は論争を鎮めるためというより、自分の力を見せ付けるために発言したに過ぎない。
　　与其说他是为了平息争论,倒不如说只是为了显示自己的能力而发言。
4) 彼は天才というより、むしろ狂人だね。
　　与其说他是个天才,不如说是个疯子。
5) 悔しいというより、むしろ自分自身が情けないといったほうが今の気持ちに近いかな。
　　与其说后悔,不如说自己没出息,这更接近我现在的心情。

2　食事のマナー

　子供に食事のマナーを教えるときは、「○○すべきである」「○○しなくてはならない」というように、自分の考え方を押し付けるのでは子供たちは納得しません。子供たちは、「美しい食べ方をしていると、人から『すてきだ』とか『かっこいい』と思われる」という体験を通じて、美しいマナーの意味を納得するのです。

　それには、家庭や学校などの集団の中で、子供自身に自分のありようを意識させることです。そして、きれいで美しい食べ方ができたときには「きれいに食べられたね」「かっこよく見えるよ」とほめてあげましょう。

　子供はほめられたことで「またこのようにしよう」と思うようになります。こうして美しいマナーが習慣となり、その場に応じた美しい自己の振る舞いを身につけていくことができるのでしょう。

　ところで、皆さんは食事のマナーが成立するには「他者との関係」が不可欠であることにお気づきでしょうか。

　人は人前で食事をするとき、一人で食べるよりもそれなりに整った食べ方をしようとするものです。それは「自分をよく見せたい、人からよく見られたい」という気持ちが根底にあるからです。だから食事のマナーを身につける必要性が自然に生ずるのです。

　一方、一人で食事をするときは、食事のマナーを感じることが少ないのではないでしょうか。近頃の家庭に多く見られる「子供の孤食」は、子供に適切なマナー観を身につけさせるという意味においても考慮すべき問題であるといえるのです。

単　語

押し付ける（おしつける）	迫使,强加于人
マナー	规矩,礼节
納得（なっとく）	接受,同意,理解

応じる(おうじる)　　　　按照,适应
振る舞い(ふるまい)　　　行为,动作
整う(ととのう)　　　　　整齐,齐备
根底(こんてい)　　　　　根基,基础
生ずる(しょうずる)　　　产生
孤食(こしょく)　　　　　一个人吃饭
考慮(こうりょ)　　　　　考虑

表現

一、～に応じる
接続　体言
意味　応…,根据…

1) ご要望に応じ、ホテルも手配いたします。
   应您的要求,也可以安排宾馆。
2) すべての人の希望に応じることは不可能に近いことだ。
   要满足所有人的希望几乎是不可能的。
3) 費用は年齢に応じて異なります。
   费用因年龄而异。
4) 体力に応じて適度な運動をする。
   根据体力做适当的运动。
5) 時に応じて変える。
   随机应变。

二、～には
接続　動詞終止形
意味　为了…,要…

1) 健康を維持するには早寝早起きが一番だ。
   要维护健康,早睡早起是最重要的。
2) そこに行くには険しい山を越えなければならない。
   要去那儿必须翻过一座陡峭的山。

3）教師になるには、国家試験に合格することが必要だ。
要当教师必须通过国家考试。
4）旅を楽しむには、なんといっても鈍行に揺られての一人旅が一番いい。
要想愉快地旅行，最好的方法是一个人坐慢车。
5）勝つには相手の手を読むことだ。
要想取胜就要知道对方的手法。

話し言葉講座

7. 目で見る言葉と耳で聞く言葉

　中国人なら、日本語の知識がなくても、「中国、日本、学生、大学」などの言葉を目で見ればわかりますが、しかし、耳で聞く場合はわかりません。

　また、日本語は世界の語学の中でも難しい語学とされています。例えば英語で数を数えると、ワン、トゥ、スリー、フォー、ファイブ…のように一通りしかありません。しかし、日本語はと言うと、一本（いっぽん）一羽（いちわ）一束（ひとたば）など、同じ「一」でも様々な読み方があります。ましてや20日（はつか）8日（ようか）4日（よっか）など、日付の読み方だけで、「はち」なのか「よん」なのか「にじゅう」なのかさっぱりわからず、日本語学習者にはお手上げのようです。

　日本語は言葉が沢山あるために目で見る言葉と耳で聞く言葉に違いがあったり、誤解を招くことが多くなってしまうのです。例えば耳で「おしょくじけん」と聞くと、人によって違う意味を想像してしまうでしょう。それは「汚職事件」と「御食事券」です。漢字を目で見れば笑ってしまうほど意味が違いますが、耳で聞いただけでは全く区別がつきません。さらに全く逆の意味に伝わってしまう言葉もあります。それは「ごしようなさらないでください」です。「御使用なさらないで下さい」と「誤使用なさらないで下さい」とで

は伝わる意味が違います。こういった誤解を招く言葉は「誤(御)使用なさらないで下さい。誤った使い方は危険です」とその後に説明を付け加えないかぎり、逆の意味に取られてしまいがちです。スピーチで重要なのは常に相手に分かりやすく伝えることであり、相手が理解しているだろうかと言うことに注意をすることが重要なのです。相手に対する気配りがあれば、簡潔でわかりやすく、相手にとって丁寧な言い回しで説明することが出来るのです。

補充単語

成語1

爱不释手	気に入って手放せない(きにいっててばなせない)
爱财如命	守銭奴(しゅせんど)、金だけが命(かねだけがいのち)
爱莫能助	力になりたくともなれない(ちからになりたくともなれない)
百孔千疮	傷だらけ(きずだらけ)、欠陥だらけ(けっかんだらけ)
白手起家	一代で財を築いた(いちだいでざいをきずいた)
百依百顺	言いなり(いいなり)、言うがまま(いうがまま)
半斤八两	どんぐりの背比べ(どんぐりのせいくらべ)
闭关自守	鎖国する(さこくする)、国を閉ざす(くにをとざす)
闭门造车	自分勝手なやり方(じぶんかってなやりかた)
变本加厉	激しさに輪をかける(はげしさにわをかける)
别出心裁	新機軸を打ち出す(しんきじくをうちだ

	す)、新しいアイディアを出す(あたらしいアイディアをだす)
不打自招	語るに落ちる(かたるにおちる)、自分から白状する(じぶんからはくじょうする)
不可救药	つける薬がない(つけるくすりがない)、救いようがない(すくいようがない)
不胜枚举	枚挙に遑がない(まいきょにいとまがない)
不速之客	招かれざる客(まねかれざるきゃく)、歓迎されない人(かんげいされないひと)
不自量力	身の程を知らない(みのほどをしらない)、自分の実力を顧みない(じぶんのじつりょくをかえりみない)
不足为奇	別に不思議ではない(べつにふしぎではない)
惨不忍睹	悲惨で見ていられない(ひさんでみていられない)
草草了事	いい加減に済ます(いいかげんにすます)
长篇大论	長広舌を振るう(ちょうこうぜつをふるう)
趁热打铁	鉄は熱いうちに打て(てつはあついうちにうて)
痴人说梦	戯言を言う(たわごとをいう)
重见天日	再び日の目を見る(ふたたびひのめをみる)
重温旧梦	夢よもう一度(ゆめよもういちど)
重整旗鼓	体勢を立て直す(たいせいをたてなおす)
初出茅庐	駆け出しで経験がない(かけだしでけいけんがない)、青二才(あおにさい)
出人头地	人に一歩先んじる(ひとにいっぽせんじる)、立身出世する(りっしんしゅっせする)
粗心大意	月夜に釜を抜かれる(つきよにかまをぬか

れる）

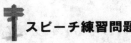スピーチ練習問題

1. 大自然との付き合い方について述べなさい。
2. 社会人として守るべきマナーはほかに何かあるか述べなさい。

第八課

本文

1 単身赴任

　新聞を開くと、単身赴任に関する特集記事が大きく載っているのが目についた。なれない手つきで炊事に挑む中年の男性の姿や、電話代を切り詰めるために特別な合図を工夫した主婦の話など、写真入りで伝えている。

　国を離れることの寂しさ・悲しさは、昔からしばしば文芸作品の題材になっている。古く万葉集の防人の歌は、老いた両親を残して長い旅路につく若者の心配や、残される妻の嘆きなどを生き生きと伝えている。そのひとつが突然頭に浮かんできた。ざっと現代語に直すと、

　「今度防人に行くことになったのはどこのご主人?」などと、呑気そうに聞いている人を見ると、なんと幸せな人かと、羨ましくてたまらなくなる、という意味の歌である。

　この「防人」を「単身赴任」と置き換えてみると、万葉集の時代から現在までの千年あまりの歳月が、うそのように消えていく思いがする。

　苦しい戦争が終わって平和が訪れ、物質的に豊かな生活が送れる日が来たというのに、依然として夫婦や親子がひとつ屋根の下で暮らせない家庭が数十万もあるというのは、どういうことであろうか。

　新聞をたたむ手をとめて、自問自答せずにはいられなかった。

単語

手付き(てつき)	手势,手的动作
挑む(いどむ)	挑战
切り詰める(きりつめる)	压缩,节约
合図(あいず)	信号,暗号
防人(さきもり)	驻防士兵
老いる(おいる)	老,上年纪
旅路(たびじ)	旅程,旅途
呑気(のんき)	满不在乎
訪れる(おとずれる)	来临
自問自答(じもんじとう)	自问自答

表現

一、～てたまらない

接続 動詞、形容詞連用形；形容動詞語幹
意味 …得不得了,非常…

1) 風邪薬を飲んだせいか、眠くてたまらない。
   也许是吃了感冒药的缘故,困得不得了。
2) 入学試験に合格したときは、嬉しくてたまらなかった。
   通过入学考试的时候,开心得不得了。
3) 教室はエアコンが壊れているので、暑くてたまらない。
   教室的空调坏了,热得不行。
4) どうしたんだろう。今日は朝から寒気がしてたまらない。
   不知道怎么了,今天从早晨起就觉得冷得不行。
5) 彼がなぜこんなことで自殺したのかと思うと、残念でたまらない。
   一想到他为什么要为这种事自杀,就觉得非常惋惜。

二、～ずにはいられない

接続　動詞ない形

意味　不能不…,不由得…

1) 老後のことを考えると、心配せずにはいられない。
   一想到老了以后的事,就不由得担心。
2) なくなった妻のことを思い出さずにはいられない。
   不由得想起亡妻。
3) とても嬉しくて、この喜びを誰かに話さずにはいられなかった。
   因为非常开心,不由得要把这种喜悦向人倾诉。
4) 彼女はケーキが大好物だから、目の前にケーキがあると食べずにはいられない。
   她极其喜欢蛋糕,所以一看到蛋糕,就忍不住要吃。
5) 犬の置物を見つけると、買わずにはいられない。
   一看到狗的摆设,就忍不住要买。

2　健康病が心身を蝕む

　病気というものはいずれにしろ不愉快なものですが、最近流行の「健康病」というのは、定義通り、本人は病気とは思っていないので、それによる被害が潜行するところが恐ろしいです。健康病とは、簡単に言ってしまうと、ともかく「健康第一」で、そのことにひたすらかかずらって、他のことは無視してしまい、それから生じる近所迷惑などお構いなし、という点で「ほとんど病気」の状態ですが、本人はそれに無自覚である場合のことを言います。

　例えばAさんは食事に関して極めてうるさいです。と言っても味のことではありません。何かの本でコレステロールが悪いと読むと、それを目の敵にして、これはよくないとか、これは食べ過ぎてはならないとか、やっているが、今度は友人からコレステロールも有益であるなどと聞くと、急に不安になってきてあちこちの栄養学の本を読み始めます。そして「過度のコレステロール量とは何か」という、Aさんにとっては人生の大問題に突き当たります。「専門家は勝手なことを言って当てにならない」と嘆きます。自分なりの計算に基づいて、あれがよいとか悪いとか言い始めます。これを食事の度に聞かされている家族は、せっかくの食事の時の楽しみを奪われるし、そもそもAさん自身が食事を味わうという楽しみを放棄してしまっていることになります。

　Aさんの健康に関して、特にその食事に関しての心配が、Aさんの心も家族の心も蝕んでいるのです。言うならば、Aさんの心の働きは、健康に関すること以外の点では、ほとんど機能を停止しているのだから、これを病気と言わなくてなんと言えるでしょう。

　健康病の恐ろしさは、伝染性を持つことですし、そもそも健康病の人は他人に伝染させることを生き甲斐にしているようなふしがあります。煙草がよくないとか、酒はほどほどに飲むべきだなどと、いかにも親切そうに伝染を試みます。他人のことは放っておいてくれと言いたいですが、なかなかそうさせてくれません。ど

うして健康病の人は他人のことを気にするのか、それは自分のことがなんとなく不安だからです。健康第一にしがみついていても、なんとなく不安なので、どうしても仲間をつくり、しがみつく相手を増やしたいからです。

いったいどうしてこんなことになったのでしょうか。我々がこれまで言われてきた「心」に関する価値をそれほど評価できなくなってきていることと関係がありそうです。忠義とか孝行とか、かつては最高の価値をもっていたものも今は下落してしまっています。

昔ギリシアの時代には体と心と魂という三つの要素によって、人間は出来上がっていると考えられていました。この考えを援用すると、現代人は「心」に失望しながらも、魂の重要性を再び認識すべきですが、そんなものは知らないので、それを飛び越えて、「体」をやたらに大切にするのではないでしょうか。最も重要な魂のことを知らないことから生じてくる不安を何とかごまかそうとして、体を大切にするのです。このように考えてみると、ジョギングをしている人に「宗教的情熱」を感じさせられることがあるのも、うなずけるのです。魂のことに思い及ぶことで、健康病からの回復がなされるように思うのです。

単　語

蝕む(むしばむ)	侵蚀，腐蚀
潜行(せんこう)	暗地行动
かかずらう	拘泥
コレステロール	胆固醇
敵(かたき)	仇人，仇敌
そもそも	原来，说起来
ほどほど	适当地
放って置く(ほうっておく)	置之不理
しがみつく	纠缠住

第八課

忠義(ちゅうぎ)	忠义
孝行(こうこう)	孝敬,孝顺
下落(げらく)	下降
ギリシア	希腊
やたら	胡乱,随便
ごまかす	敷衍,糊弄
ジョギング	慢跑
頷く(うなずく)	首肯

表　現

一、～なりの/～なりに

接続　体言

意味　与…相应的

1) 人はそれぞれその人なりの生活スタイルがある。
   每个人都有自己独特的生活方式。
2) 今回の試験の結果はあまりよくなかったが、彼なりにがんばったと思う。
   虽然这次的考试结果不太好,但他以自己的方式努力了。
3) 人に何と言われても、私には私なりのやり方がある。
   不管别人说什么,我有我自己的做法。
4) 人の言いなり放題になるのではなくて、自分なりの意見を持って行動せよ。
   不要人云亦云,要按照自己的想法去做。
5) 子供には子供なりの悩みがある。
   孩子也有孩子的烦恼。

二、～度に

接続　名詞＋の；動詞辞書形

意味　每当…的时候,每次…

1) この写真を見る度に楽しかった子供時代が思い出される。

每当看见这张照片,都会想起快乐的孩提时代。
2) 試合の度に、私はものすごく緊張する。
   每次比赛,我都会十分紧张。
3) 李さんは遅刻する度にいろいろな言い訳をする。
   小李每次迟到都会作各种各样的辩解。
4) 私の家は駅のそばにあって、電車が通る度に家が揺れます。
   我的家在车站旁边,每当电车通过,房子就会摇晃。
5) 彼は試合を重ねる度に腕を上げている。
   他每经过一次比赛,技术就会提高。

話し言葉講座

8. 書き言葉と話し言葉を使い分ける

　私たちは書き言葉と話し言葉を使い分けるように教えられています。スピーチは口から発するものですから、口語なのです。スピーチをするために事前書いた文章や下書きでも、実際にスピーチする時にはそのまま読み上げるのでは、失敗するに決まっているのです。話し言葉と書き言葉とは違うからです。

　口語で重要になるのは分かりにくい言葉をなるべく避けるということです。意味のわからない専門用語の並べ立てもその一つです。また、外来語もその一つです。外来語を使うことによって抽象的なイメージで伝えることが出来るという利点がありますが、抽象的な利点の為に、相手には何ら具体性のない内容と理解されてしまう恐ろしさがあります。経済用語には特に多く、また、一般的になっている言葉で例にあげると、「トレンド」という外来語もそうです。トレンドを日本語にすると流行、傾向、風潮、動向…と多くの意味があり、結局言いたいのは何なのかということが明確にならず、相手に混乱しか与えません。例えば「このようなスタンスでトレンドを考え、フリーなフィールドでジェネレーションギャップを埋めていかなければ、アバウトな若者の問題はクリアー出

来ず、日本は海外にアドバンテージをとられて…」などと言われてもさっぱり意味がつかめないのです。書き言葉だと、説明や注釈が容易に出来ますが、会話の中での言葉は「簡潔」が一番なのです。専門用語や外来語の使いすぎは聞き手によっては違う意味での理解をしてしまいますから十分注意しましょう。

補充単語

成語2

穿针引线	仲をとりもつ(なかをとりもつ)、仲介をする(ちゅうかいをする)、手引きをする(てびきをする)
唇齿相依	運命共同体(うんめいきょうどうたい)
大材小用	有能な人につまらない仕事をさせる(ゆうのうなひとにつまらないしごとをさせる)
道听途说	受け売りで話す(うけうりではなす)、聞きかじり(ききかじり)
得陇望蜀	おんぶに抱っこ(おんぶにだっこ)
得意忘形	有頂天になる(うちょうてんになる)、舞い上がる(まいあがる)
洞若观火	火を見るより明らか(ひをみるよりあきらか)
对牛弹琴	猫に小判(ねこにこばん)
耳濡目染	門前の小僧習わぬ経を読む(もんぜんのこぞうならわぬきょうをよむ)
翻天覆地	上を下への大騒ぎ(うえをしたへのおおさわぎ)、天地を覆すような(てんちをくつがえすような)
飞黄腾达	とんとん拍子に出世する(とんとんびょうしにしゅっせする)

甘拜下风	風下に甘んじる(かざしもにあまんじる)、素直に負けを認める(すなおにまけをみとめる)
隔岸观火	対岸の火事(たいがんのかじ)
格格不入	互いに相容れない(たがいにあいいれない)
隔靴搔痒	隔靴搔痒(かっかそうよう)、二階から目薬(にかいからめぐすり)
狗急跳墙	窮鼠猫を噛む(きゅうそねこをかむ)、火事場の馬鹿力(かじばのばかぢから)
孤注一掷	乾坤一擲(けんこんいってき)、一か八か(いちかばちか)
顾名思义	文字通り(もじどおり)、名前から考えて(なまえからかんがえて)
裹足不前	二の足を踏む(にのあしをふむ)、しり込みをする(しりこみをする)
好景不长	好事魔多し(こうじまおおし)
好了伤疤忘了痛	喉元過ぎれば熱さを忘れる(のどもとすぎればあつさをわすれる)
狐假虎威	虎の威を借る狐(とらのいをかるきつね)
虎口余生	九死に一生を得る(きゅうしにいっしょうをえる)
挥金如土	湯水のごとく金を使う(ゆみずのごとくかねをつかう)
祸不单行	泣きっ面に蜂(なきっつらにはち)
集思广益	衆知を集める(しゅうちをあつめる)
积土成山	散りも積もれば山となる(ちりもつもればやまとなる)
家常便饭	日常茶飯事(にちじょうさはんじ)、ありきたり

第八課

家喻户晓　　　　知らぬ者なし(しらぬものなし)、津々浦々に知れ渡っている(つつうらうらにしれわたっている)

スピーチ練習問題
1. 単身赴任のつらさはどこにあるのか、言ってみなさい。
2. 健康病とは何か、簡潔に言ってみなさい。

第九課

本文

1 めがね

　映画「男はつらいよ」シリーズの一つに、寅さんがめがねのインテリ女性に憧れる話がある。自分も学問をしようと思い立つと、さっそくめがねを買ってかけ、得意になって歩き回り、近所の人達の笑いものになる。妹の亭主に「兄さん、学問をして目が悪くなった人がめがねをかけるんです。めがねをかけたからといって、学問をしたことにはならないんですよ」とたしなめられ、「学問する気分になるためさ」と反論する。

　めがねが一般化した、というよりはむしろ近視の人の率が増えて、めがねをかけている人がすべて学者とは限らなくなったが、それでもめがねには一種の近づきがたい冷たさがあるのか、ドラマの役づくりなどには知性の象徴として利用される。

　学者・医者・作家などにはめがねがふさわしく、芸能人やスポーツ選手にはふさわしくない、というような漠然とした考えが人々の間にあるらしい。

　実際には、目のいい人がスポーツをやり、目の悪い人が学問をするわけではない。こういう職業の人はこういう目をしているものと決め付けることができない。しかも、コンタクトレンズが普及し、これからはめがねをかけない学者も増えるだろう。しかし、人間の固定観念というものは意外に根強いもので、世の中の変化より常に遅れる。「めがねは知性」というやや古風なイメージは、こ

の先しばらくは健在であろう。

単　語

シリーズ	系列
インテリ	知识分子
憧れる(あこがれる)	憧憬,爱慕
亭主(ていしゅ)	丈夫
たしなめる	责备,教训
知性(ちせい)	理智
漠然(ばくぜん)	漠然,模糊
決め付ける(きめつける)	断言
コンタクトレンズ	隐形眼镜
古風(こふう)	古风
健在(けんざい)	健在

表　現

一、～からといって(～ない)
接続　用言・助動詞終止形；体言＋だ
意味　虽说…但…

1) 大学を卒業したからといって、勉強は終わったということになりません。
   虽说大学毕业了,但学习并没有结束。
2) 単語を覚えたからといって、日本語が話せるわけではない。
   虽说记住了单词,并非就能说日语了。
3) 毎日練習したからといって、オリンピック選手になれるとは限らない。
   虽说每天练习,但未必一定能成为奥运会选手。
4) 金持ちだからといって、幸せだと限らない。
   虽说有钱,但不一定幸福。
5) 僕は苦手だからといって、料理は女が作るべきものだと思っ

たことはない。
虽说不喜欢做饭,但也没想过做饭应该是女人的事。

二、～とは限らない
接続　用言終止形
意味　未必…,不一定…

1) 値段が安いからといって、品質が悪いとは限らない。
   虽然价钱便宜,但质量不一定就不好。
2) 医者だって、必ずしも自分の健康に気をつけるとは限らない。
   即使是医生也未必注意自己的健康。
3) いかに医療技術が進んだと言っても、治療して必ず全快するとは限らない。
   无论医疗技术多发达,治疗后未必就能完全治愈。
4) 昔は大学を出たら、それなりの出世が約束されていたが、最近ではたとえ一流大学を出ても出世するとは限らない。
   以前大学毕业后,相应就能出人头地,但最近即使毕业于一流大学,也未必能有出息。
5) この世の中、何でも理屈で割り切れるとは限らない。
   这个世上并不是什么事都有道理可讲的。

2　確　率

　　山腹に沿った細い道を車で行くと、時折、金網で斜面を覆った個所があります。上のほうに「落石注意」という札がかかっています。いつ岩石が落ちてくるのかわからないから、注意せよというのでしょうが、この注意書きを見てから落ちてくる石をよけるひまはありません。また、下手によけたら反対側のがけから車が落ちてしまいます。これは「落石注意」でなく「落石覚悟」としたほうがいいでしょう。

　　そう考えてくると、我々の生活は危険に満ちているのです。日本の町は治安がよくて安全だとは言われていますが、麻薬に頭をおかされた人がナイフを持って襲ってくる可能性がないとは言えません。列車の座席の上の棚に置いてあるかばんに、爆弾が入っていないという絶対の保証はありません。医者や看護婦が、うっかりして全く反対の効果を持つ薬を使ってしまう可能性がないとは言えません。しかし、ここにこそ素人の悲しさがあるのです。医者が注射液を入れるのを、ただ不安と祈りを持って眺め、覚悟を決めて腕を出すほかはありません。

　　こんな危険な生活をどうして人は平和な顔で送っているのでしょうか。それは「確率」のおかげです。全くないとは言えないがほとんどない、という確率の低さに、人は安心を得ているのです。そして、この確率を無視して絶対に安全とは言えないと不安がる人を、ノイローゼだと決め付けます。昔、杞という国の人が、今に天が落ちてくるかもしれないと心配したのが、「杞憂」、すなわち不必要な心配という語の始まりだそうですが、現在は空から原爆の放射能が降ってくる時代です。確率だけを信じていいのでしょうか。

単　語

山腹（さんぷく）	山腰
時折（ときおり）	有时，偶尔
金網（かなあみ）	金属网

個所(かしょ)	地方，部分
岩石(がんせき)	岩石
避ける(よける)	避开，躲避
麻薬(まやく)	毒品
素人(しろうと)	外行
ノイローゼ	神经质
杞憂(きゆう)	杞人忧天
原爆(げんばく)	原子弹

表　現

一、～ほかはない

接続　動詞連体形

意味　只有…，只能…

1) 当時、わたしは生活に困っていたので、学校をやめて働くほかなかった。
   当时，我由于生活困难，只能退学去干活。
2) 気が進まないが、上司の命令であるので、従うほかはない。
   虽然不想干，但因为是上司命令，只好服从。
3) 薬を飲み続けるだけでは治らないと医者に言われたので、手術を受けるほかはない。
   医生说单靠坚持吃药治不好，所以只好手术。
4) 万策尽きてしまった以上、運を天に任せるほかはない。
   既然万策皆尽，只得听天由命。
5) 地震で家族も家もなくなってしまい、たった一人の姉に頼るほかはない。
   在地震中失去了家人和房子，只能依靠唯一的姐姐。

二、～がる

接続　形容詞・形容動詞語幹

意味　觉得…，感到…。对第三人称的感情、感觉的客观描述。

第九課

1) あの子は可愛がっている犬が死んで、大変悲しがっている。
   那个孩子因为心爱的狗死了,十分伤心。
2) あの人は本当は気が弱いです。強がっているだけです。
   他其实很软弱,只是逞强而已。
3) 子供がおもちゃを欲しがって地べたに座り込んで泣いていた。
   那孩子因为想要玩具,正坐在地上哭。
4) 注射を嫌がるこどもが多い。
   讨厌打针的孩子很多。
5) 怖がらなくてもいいのよ。この人はおかあさんの友達なの。
   别害怕,这个人是妈妈的朋友。

話し言葉講座

9. 人をひきつけるには、ほどよいテンポ

　自分が一生懸命話しているのに、全然人が聞いてくれないという経験が誰でもあるはずです。話の内容もさることながら、話し方に問題があるのではないかと気づく人が意外と少ないようです。

　その問題の一つに、話のテンポがよくないというのが挙げられます。これは仕事での会話についても同じことが言えます。難しい用語ばかり並べて、その用語の説明ばかりしていては伝えたいことも伝わらず、テンポも悪くなります。たくさんの情報を伝えなければならなくなり、異常に早口になってしまったのでは全く意味がありません。会話はテンポ良く話すと興味のない話でも楽しく、自然と人を引きつけるものなのです。口癖を直すのは難しいもので、日常からの訓練が必要になってきます。また、テンポ良く話をする為には聞き手に考える時間を与えることを意識しましょう。いわゆる「間」と言うやつです。話の切れ目がなく単調に話し続けると聞き手は聞く意欲をなくします。テンポが悪く何が何だ

かわからなくなってしまうのです。多少の早口でも、相手に考える瞬間を与えてあげれば話のテンポを良くした会話が楽しめるのです。お笑い芸人が「間が悪い」など、話をしない瞬間を気にします。それは話のテンポに間が重要だと言うことが良くわかっているからなのです。間は話のテンポを決める重要な部分だということも十分理解しておきましょう。

　少しぐらいと言っても、大体日本語のレベルが中級ぐらいになると、人が言っている日本語に対していいかどうか評価が出来るようになりますが、しかし、自分自身の日本語はどうかということに気を配る人が意外と少ないようです。他人から言われて気がつくことが多いのですが、自分でもこれを確認することが出来ます。大体、中級レベルの日本語能力を持っていると、人の日本語を聞いて、上手かどうか判断できるようになりますが、自分の日本語はどうなっているか、意外と分からない人が多いのです。自分自身の日本語、特に会話力をチェックするには、いい方法があります。それは自分が話をしているところをビデオやテープに録音しておき、自分自身で聞いてみることです。それで、自分はどんな日本語を話しているか、非常に良く分かります。「私はこんな話し方をしているのか」とあらためて自分に気づくことが出来ます。一度自分の話しているところを自分で聞いて見ましょう。非常に役立つはずです。

補充単語

成語3

见缝插针	合間を縫う（あいまをぬう）
脚踩两只船	二股をかける（ふたまたをかける）
进退维谷	二進も三進も行かない（にっちもさっちもいかない）、進退窮まる（しんたいきわまる）
和气生财	笑う門には福来たる（わらうかどにはふ

	くきたる)
开门见山	腹を割って話す(はらをわってはなす)
滥竽充数	枯れ木も山の賑わい(かれきもやまのにぎわい)
门当户对	家柄が釣り合う(いえがらがつりあう)
良药苦口	良薬は口に苦し(りょうやくはくちににがし)
弄假成真	嘘から出たまこと(うそからでたまこと)
旁观者清当事者迷	岡目八目(おかめはちもく)
赔了夫人又折兵	骨折り損のくたびれもうけ(ほねおりぞんのくたびれもうけ)
便宜没好货	安物買いの銭失い(やすものがいのぜにうしない)
破镜重圆	元の鞘に収まる(もとのさやにおさまる)、よりを戻す(よりをもどす)
棋逢对手	好取り組み(こうとりくみ)
前车之鉴	前車の覆るは後車の戒め(ぜんしゃのくつがえるはこうしゃのいましめ)
千里之堤,溃于蚁穴	千里の堤も蟻の穴から(せんりのつつみもありのあなから)
巧妇难为无米之炊	ない袖は振れぬ(ないそではふれぬ)
强词夺理	ああ言えばこう言う(ああいえばこういう)
青出于蓝胜于蓝	青は藍より出でて藍より青し(あおはあいよりいでてあいよりあおし)
轻而易举	朝飯前(あさめしまえ)
屈指可数	屈指の(くっしの)、有数の(ゆうすうの)
人浮于事	人余り(ひとあまり)、労働力過剰(ろうどうりょくかじょう)
入不敷出	足が出る(あしがでる)

如虎添翼	鬼に金棒（おににかなぼう）
如释重负	肩の荷を降ろすよう（かたのにをおろすよう）
舍华求实	花より団子（はなよりだんご）
生吞活剥、囫囵吞枣	鵜呑みにする（うのみにする）
十全十美	完全無欠（かんぜんむけつ）、非の打ち所がない（ひのうちどころがない）
事倍功半	労多くして効少なし（ろうおおくしてこうすくなし）
事实胜于雄辩	論より証拠（ろんよりしょうこ）
守口如瓶	貝のように口をふさぐ（かいのようにくちをふさぐ）
束手无策	途方にくれる（とほうにくれる）
束之高阁	棚上げにする（たなあげにする）

スピーチ練習問題

1. めがねと仕事に何か関係あるかどうか、貴方の考え方を述べなさい。
2. 「確率」についての筆者の考えについて貴方はどう思うか、言ってみなさい。

第十課

本文

1　女性の生き方

　日本には、大学を出て専門を生かす仕事についたのに、幾年もしないうちに結婚や出産で止めてしまう女性が多いです。せっかくいい仕事についたのにもったいないなあと言う人がいます。もちろんこの頃は結婚してもやめないケースも増えているのが事実ですが、やはり、仕事と家庭の両立が難しいです。

　それについて私なりの考え方を述べたいと思います。

　日本の経済がバブル期に入ったころ、私は高校大学時代を過ごしました。高校時代は、医者、マスコミ関係、研究者とキャリア・ウーマン志望の友達が多かったので、自分は少し違っていたような気がしました。母が専業主婦として子育てや家事や近所との付き合いを楽しんでいるように見えていたことや、女の子はいい妻、いい母になるのが自然だという雰囲気の家庭で育ったことが影響していたのではないかと思います。

　大学では高校の先生に勧められたことがきっかけで、日本語を専攻し、日本語教師として仕事をしたいと思うようになりました。就職活動の時期には、就職での男女差別などを耳にし、「大学まで男女平等に教育を受けてきたのになぜ。」という気持ちになり、「ああ、自分は変わったな」と気づきました。

　今は結婚して仕事と家事をしています。夫とは友達夫婦で、家事などを分担しています。将来は子供もほしいけれど、この仕事

はずっと続けたいと思っています。

　学生時代に男性と同様に社会で活躍したいと言っている友人には、結婚せずに夢を追い続けてばりばりと働いている人もいれば、子供を産んで専業主婦になった人もいます。主婦を選んだ友人には子育てを楽しみつつ、将来の仕事を考えて、自分を磨いている人もいます。子育てをしつつ、医者として活躍している人もいます。子育ても仕事も選んだ友人は、家庭に助けられながら一生懸命両立させようとしています。

　今では私の世代の女性の生き方は多様化しています。これからはお互いにそれぞれの生き方を認めつつ自分の生き方を楽しめたらいい、と思っています。

単　語

生かす(いかす)	发挥,有效利用
もったいない	可惜,浪费
キャリア・ウーマン	职业女性
専業主婦(せんぎょうしゅふ)	专业主妇
きっかけ	契机
分担(ぶんたん)	分担
活躍(かつやく)	活跃
ばりばり	积极紧张地工作状
磨く(みがく)	磨炼,锻炼
今さら(いまさら)	事到如今

表　現

一、～も～ば、～も
接続　体言＋も＋用言仮定形＋体言＋も
意味　既…又…

　1) お金もなければ暇もないから、旅行に行けなかった。
　　　既没钱也没时间,所以没能去旅行。

2) あれも嫌ならこれも嫌、いったい何がしたいのか分からない。
这也讨厌那也讨厌,不知道究竟想干什么。
3) 名前も言わなければ住所も告げず、私を助けてくれた彼は立ち去った。
既没有说名字也没有留地址,救了我的那个人就这样走了。
4) 人の一生にはいい時もあれば悪い時もある。
人的一生既有顺境,也有逆境。
5) 動物が好きな人もいれば、嫌いな人もいる。
既有人喜欢动物,也有人讨厌动物。

二、～つつ
接続　動詞連用形
意味　一边…一边…；虽然…但是…

1) われわれはこの社会の中でお互いに助け合いつつ暮らしているのです。
我们是互相帮助着生活在这个社会中的。
2) 今は将来の再起を期しつつ、この逆境に耐えるしかない。
为了将来东山再起,现在只能忍受逆境。
3) 悪いと知りつつ、つい落し物の財布を自分のポケットにしまいこんだ。
明知不对,还是不由得把拾到的钱包放进了自己口袋。
4) 彼は名残惜しげに振り返りつつ去っていった。
他依依不舍地回头望着离去了。
5) 何とかしなくてはと思いつつ、とうとうこんな事態を招いてしまった。
虽然想要采取一些措施,但最终仍然导致了这种事态。

2　働き蜂日本人と長期休暇

　日本人が働き蜂だということは、今や世界中の人が知っています。本質的に日本人は勤勉な民族なのです。勤勉に働いたからこそ、資源のない日本がこれだけの経済成長を遂げることが出来ました。戦後の荒廃のなかで欠食児童だった子供たち、つまり、現在、五十代の後半から七十代の人たちは、今日より明日、明日よりは明後日をよりよく生きようと、がむしゃらに働いてきました。最近、よく言われている「ゆとり」など、考えてみたこともありません。食べるために、生きるために無我夢中だったのです。経済大国だと言われ、働き蜂だと酷評され、貿易摩擦を起こすようになってはじめて、「ああ、そうか。では、この辺で何とか考えなくては」と、気づかれたというわけです。

　よく企業人間という言葉を耳にします。企業に身を捧げ、朝、満員電車にぎゅうぎゅう詰めにされて出勤し、夜は夜中まで会社の仕事に缶詰になっている働き蜂にとって、家庭は寝るために帰るだけの場所になっています。考えてみると、このような人たちが一生懸命労働に尽力してくれたおかげで、現在の繁栄があることも忘れてはいけない事実です。

　豊かになったから長期休暇をとって休めと突然言われても、その企業人間は、有り余る時間を持て余し、困ってしまうのです。労働が習性となってしまったからです。余暇を有意義に楽しむためには人生観そのものをもがらりと変えてしまわなければならなくなります。余暇に旅をする、スポーツをやる、読書や勉強をすると言っても、それらを行なうには心身ともに準備が必要でしょう。未知の体験をするには、それなりの心構えがいるものです。充実した余暇を過ごせと言われても一朝一夕には得られるものではありません。若い人たちならば、余暇を非常に上手に使うことができるでしょう。というのも、彼らは小さい頃からスポーツ、音楽、旅行、仲間との交際、おしゃれなどを既に生活の一部として取り入れて

います。それらなくて何の人生かという考えが、既に定着しているのですから、スポーツでも、遊びでも、十分に楽しめる域まで高めるには、それなりの時間、お金、継続する努力がいるものです。

ところが、働き蜂たちはそのような楽しいことを、どうやって手に入れればいいのかさっぱり分からず、実際に試みようとしても不器用で、ただ戸惑うだけなのです。結局のところ、家に閉じこもって、ごろごろとぐろを巻いているものですから、家人に粗大ごみ扱いにされてしまいます。働き蜂は悲しいのです。

悲観的な材料ばかり並べました。しかし、働き蜂も少しずつ余暇を有意義に使おうと努力し始めています。そう、余暇を努力して楽しもうとしているのです。

余暇開発センターが行なった「企業ゆとり度」診断によれば、この診断に応募した472社の企業の中で、ゆとり度ナンバーワンは日本アイ・ビー・エムだったそうです。ところが、この日本アイ・ビー・エムの場合でも社員一人当たりの年間総実労働時間が1922時間で、この数字は労働省が1992年度の実現目標としている1800時間よりも、122時間も長いのです。まだまだ日本人は働き蜂です。

単　語

働き蜂(はたらきばち)	工蜂
今や(いまや)	此刻
欠食(けっしょく)	吃不饱
がむしゃら	鲁莽,冒失
酷評(こくひょう)	严厉批评
ぎゅうぎゅう	紧紧的,满满的
缶詰(かんづめ)	罐头
有り余る(ありあまる)	过多
持て余す(もてあます)	难处理,无法对付
心構え(こころがまえ)	思想准备

一朝一夕(いっちょういっせき)　　一朝一夕,一时半刻
不器用(ぶきよう)　　　　　　　不灵活,不熟练
閉じこもる(とじこもる)　　　　闭门不出
とぐろを巻く(とぐろをまく)　　久坐不动
家人(かじん)　　　　　　　　　家人
粗大ゴミ(そだいゴミ)　　　　　大件垃圾

表　現

一、～てはじめて
接続　動詞連用形
意味　…以后才…,只有…才…

1) 僕は息子が生まれてはじめて、家族への責任というものを感じるようになった。
儿子出生以后,我才体会到什么是对家庭的责任。
2) 病気になってはじめて健康のありがたさを知った。
生病后才知道健康的可贵。
3) 外国に行ってはじめて自分の国について何も知らないことに気づいた。
去了国外后才发觉对自己国家其实一无所知。
4) 休暇をとってはじめて自分の疲れていたことが分かった。
获得休假后才感到自己身体的疲惫。
5) 実際に自分で読んでみてはじめて、古典の面白さを知った。
自己实际读过以后,才知道了古典作品的有趣。

二、～ものではない
接続　動詞連体形
意味　不是…的,不会…的

1) こういうチャンスはいつもあるものではない。
这种机会不是常有的。
2) あなたのような親友にはめったにめぐり逢えるものでは

ない。
你这样的好朋友不是经常能遇到的。
3）外国語は1週間2週間で覚えられるものではない。
外语不是一个两个星期就可以学会的。
4）こんな下手な写真を人に見せられたものではない。
这么水平差的照片，是不该给人看的。
5）君たちの行動はやむなくやったものではない。
你们的行为不可能是不得已而为的。

話し言葉講座

10. スピーチは発音が第一歩

　若者の日本語学習者で、喉に飴玉でもふくめているようなしゃべり方をしている人がいますが、それを聞いていると、どうも歯がゆいものです。というのは、発音がは明晰ではなく、そして声が小さいからです。どうにかならないかといつも思います。
　日本語学習の話し方の技術面での最大の問題は、発音や発声が悪いことです。何を言っているのか、聞き取りにくく、わかりにくいです。
　その原因は、いろいろあると思いますが、一番大きな原因はやはり、発音や発声の系統的な練習をしたことがないからです。今後の日本語教育の重要な一環として、発生や発音の訓練は重要な科目で行なわれることが望ましいです。
　改革開放につれて、日本語学科の学生は、簡単に日本人と付き合うことが出来るようになったし、日本のテレビドラマも市販されて簡単に手に入れることが出来るようになりました。それと同時に、日本人の言語学者がしばしば指摘しているように、日本語が乱れているのです。その言葉の乱れを乱れとしないで、そのまま我々が真に受けて覚えてしまいます。ですから、様々な場できちんとした日本語のスピーチが出来るように、力を入れて、正しい日本

語、特に正しい発音や発生を教えてほしいのです。というのは、話すことはコミュニケーションのために欠かすことの出来ない手段であるからばかりでなく、日本語によるコミュニケーションが中国で益々重要になってきているからです。

補充単語

成語 4

水泄不通	水も漏らさぬ（みずももらさぬ）
体贴入微	痒いところに手が届く（かゆいところにてがとどく）
听天由命	天命にまかせる（てんめいにまかせる）、運にまかせる（うんにまかせる）
同室操戈	仲間割れ（なかまわれ）、内輪もめ（うちわもめ）
外強中干	見かけ倒し（みかけだおし）
望尘莫及	足元にも及ばない（あしもとにもおよばない）
微不足道	取るに足らない（とるにたらない）
未雨绸缪	転ばぬ先の杖（ころばぬさきのつえ）
瓮中捉鳖	袋の中の鼠（ふくろのなかのねずみ）
无名英雄	縁の下の力持ち（えんのしたのちからもち）
无微不至	至れり尽くせり（いたれりつくせり）
物以类聚	類は友を呼ぶ（るいはともをよぶ）
席不暇暖	席の温まる暇もない（せきのあたたまるひまもない）
先发制人	先んずれば人を制す（さきんずればひとをせいす）
小心谨慎	念には念を入れる（ねんにはねんをいれる）
信口开河	口から出任せを言う（くちからでまかせをいう）

行尸走肉	生ける屍(いけるしかばね)
眼不见心不烦	知らぬが仏(しらぬがほとけ)
眼中钉,肉中刺	目の上の瘤(めのうえのこぶ)
扬长避短	長所を生かし、短所を避ける(ちょうしょをいかし、たんしょをさける)
阳奉阴违	面従腹背(めんじゅうふくはい)
艺不压身	芸は身を助ける(げいはみをたすける)
有眼无珠	目が節穴(めがふしあな)
雨后春笋	雨後の竹の子(うごのたけのこ)
远亲不如近邻	遠い親類より近くの他人(とおいしんるいよりちかくのたにん)
贼喊捉贼	盗人猛々しい(ぬすびとたけだけしい)
张口结舌	開いた口が塞がらぬ(あいたくちがふさがらぬ)
争先恐后	我がちに先を争う(われがちにさきをあらそう)
忠言逆耳	忠言耳に逆らう(ちゅうげんみみにさからう)
追根究底	根ほり葉ほり聞く(ねほりはほりきく)
自作自受	身から出た錆び(みからでたさび)
坐吃山空	座して喰らわば山も空し(ざしてくらわばやまもむなし)
坐立不安	いても立ってもいられない(いてもたってもいられない)

スピーチ練習問題

1. 女性らしい生き方について貴方の考え方を述べなさい。
2. 日本人はどうして働き蜂と言われているのか、その理由を述べなさい。

第十一課

本文

1 運転免許

　私は運転免許を持っていません。ほとんどの人は学生時代にとってしまうのでしょうが、当時は車が必要だと思っていなかったのです。もともと車が好きではないので、免許を取るなどという考えは全くありませんでした。
　ところが、最近、免許はあったほうがいいかなと考えています。これから年をとっていくにつれ、もしかしたら必需品になるのではとすら思うようになったからです。
　たとえば出先で買い物をすると、荷物が多くなるときがあります。私の場合はほとんどが本なのだが、そんなときに、
　「ああ、車があったらなあ」
　と溜息をつきます。もちろんタクシーは走っていますが、うまく捕まらずに町中を求めて彷徨い歩くこともあります。重い荷物を持ち運ぶとなると、欲しい本も、次の機会にとあきらめざるをえません。こんな時、自分の車があったらどれだけ楽か分からないのです。
　知り合いには五十歳を過ぎて免許を取った男性たちがいます。彼らに免許の話を聞こうとすると、話が途切れることはありません。苦労して取ったので、その喜びは喩えようもないらしく、目が輝いています。
　「運転はいいですよ。ぜひ取りなさい。私なんか週末、必ずドラ

イブに行ってます」と勧められた。

「家には居場所がありませんからね。でも車の中は僕だけの個室だから」

そういう考え方もあったのかと、私はうなずきました。

もう一人は、無事に免許を取っても、最初は右折をするのがとても怖かったそうです。駐車をするにも、スペースがあるときは問題ないのですが、二台の車の間に駐車するとなると、舞い上がってしまうと言っていました。

免許を取った直後、彼は近所のスーパーマーケットに行こうと試みました。彼がまずやったのは、徒歩でその店まで行き、駐車場が空いているかどうかを確認することでした。そして右折は怖いので、左折ばかりを繰り返し、ものすごく大回りをして店まで行ったというのです。

この話は笑い話として伝えられているのだが、もしも免許を取ったら、私もそういうことをやりかねません。最近は年配の人も車を運転しているし、それを見ると自分もしてみたくなります。しかし適性や事故を起こしたらなどと考えはじめると、便利だからという気持ちは、しゅーっとしぼんでいってしまい、いま一つ教習所の門を叩くまでには至っていないのです。

単　語

必需品(ひつじゅひん)	必需品
出先(でさき)	去处,外出地点
溜息(ためいき)	叹息
町中(まちなか)	市内,街上
彷徨い(さまよい)	彷徨
途切れる(とぎれる)	中断,间断
喩える(たとえる)	比喻
居場所(いばしょ)	住处,安身之处
右折(うせつ)	右转弯

左折(させつ)　　　　　　左转弯
今一つ(いまひとつ)　　　差一点
教習所(きょうしゅうじょ)　教练场

表　現

一、〜につれて
接続　体言；動詞連体形
意味　随着…

1）車が増えるにつれて、交通事故も増えてきた。
　　随着车子的增加，交通事故也增加了。
2）時間がたつにつれて、パーティーはにぎやかになった。
　　随着时间的推移，晚会变得热闹了。
3）子供たちの成長につれて、家族の夕食の時間がバラバラになった。
　　随着孩子的成长，一家人吃饭的时间变得分散了。
4）工業が発展するにつれて、環境も汚染されていった。
　　随着工业的发展，环境越来越受到污染。
5）国際化が進むにつれ、従来の教育のあり方についても、改革が迫られることだろう。
　　国际化的进展也将迫使对传统的教育方式进行改革吧。

二、〜ようもない
接続　動詞連用形
意味　无法…，无从…

1）ああいう態度では、アドバイスのしようがない。
　　那种态度的话，根本无法提建议。
2）知らないから、答えようがない。
　　因为不知道，所以没法回答。
3）弾薬も尽き食料も尽きては、もはや戦おうにも戦いようがない。

既然弹尽粮绝,即使想战斗也无从战斗了。
4) たとえようもないほど美しい光景を目の当たりにした。
目睹了无与伦比的美景。
5) 引越し先が分からないので、李さんには連絡の取りようがない。
因为不知道搬家的地址,所以没法与小李取得联系。

三、兼ねる/兼ねない
接続　動詞連用形
意味　① ～兼ねる　难以…,不能…
　　　　② ～兼ねない　容易…,可能…

1) ご意見に賛成しかねます。
难以赞成您的意见。
2) そのことについては、お答えいたしかねます。
关于那件事,无可奉告。
3) 私一人では決めかねるので、会社の者とも相談した上で連絡したいと思います。
我一个人很难决定,想和公司的其他人商量以后再跟你联系。
4) 今後も同じような事故を起こしかねない。
今后也可能引起同样的事故。
5) あまり無理をすると体を壊しかねないから、気をつけたほうがいい。
过于勉强会搞坏身体,所以最好注意一下。
6) 信じられないかもしれないが、あの人ならそういうこともありかねない。
也许难以置信,但那个人可能有那种事。

2 人間の欲望

　私たちは欲望のかたまりです。そして、欲望は膨張を続ける宇宙のように限りがありません。
　こんな話を想像してみましょう。ある中学生のお父さんやお母さんから毎月もらうお小遣いが、今までの2 000円から一気に20万円になったらどうするでしょうか。彼の欲望は止まるところを知らず、前から欲しいと思っていたものを全部手に入れようと、お小遣いを持ってお店に飛んでいくに違いありません。
　しかし、地球上の子供たちが全員、20万円もお小遣いをもらって、好きなものを買うとしましょう。そんなことは可能でしょうか。
　欲望が無限にあるのは、実は大人だって同じです。大人も買いたいものを何でも買うとしたらどうでしょうか。でも、そんなことはしようと思ってもできっこない話なのです。なぜかというと、地球上に存在する全工場をフル稼働しても、無限にたくさんのものを作ることはできません。人間の技術はまだそこまで進んではいません。
　労働者の数だって限られています。機械設備も限られています。農産物をつくるにも、農地には限りがあります。みんなが大きな家に住みたくても住めないのは、土地が足りないというだけでなく、そんなことをすればたちまち、地球上の森林から木が切り出されて、あっという間に地球は丸裸になってしまうからです。
　つまり、もっとも大事なことは、私たちの欲望は無限だけれど、工場や機械設備、労働力、森林、農地、住宅地、石油など、商品を生産するための経済資源は有限だということです。経済資源が有限だから、私たちの欲望のうち、つまり欲しいもののうち、一部分しか手に入らないのです。別の言い方をすると、経済資源が有限なので生産されるものも有限ということになります。だから、私たちの手に入る「所得」も有限です。すなわち、商品を買うための予算

第十一課

も有限ということになります。

　このことを説明するのに、経済学では「希少性」(Scarcity)という言葉を使います。「希少性」とは、人間の欲望をすべて満足させるだけの経済資源は地球上に存在しないという厳しい現実を示す実に簡潔な言葉です。

　希少な経済資源を使って、人間の生活をどうやって豊かにすることができるか、このことこそ、経済学の最も大きな目標です。

単　語

塊(かたまり)	块儿
膨張(ぼうちょう)	膨胀
小遣い(こづかい)	零用钱
無限(むげん)	无限
フル	满
稼動(かどう)	开动,工作
丸裸(まるはだか)	一丝不挂
希少(きしょう)	稀少
石油(せきゆ)	石油

表　現

一、～っこない

接続　動詞連体形
意味　不可能…,根本不…

1) それは実現しっこない夢である。
　　那是不可能实现的梦想。
2) こんなひどい雨じゃ、運動会はできっこない。
　　这么大的雨,根本开不了运动会。
3) 彼は映画は嫌いらしいから、誘っても行きっこないよ。
　　他好像讨厌看电影,所以即使叫他去,也不可能会去。
4) 守りっこない約束は、最初からしないことだ。

不能履行的诺言，一开始就别说。

二、～だけの
接続 体言・用言終止形
意味 足以…
1) 相手を納得させるだけの自信があればよいのだ。
   只要有足以说服对方的信心就好。
2) わざわざ調べに行くだけの甲斐があると思う。
   我觉得有特地去调查的价值。
3) 仕事に疲れて、散歩に行くだけの元気もない。
   因为工作很累，连出去散步的力气也没有了。
4) 自分の家を持つだけの経済的なゆとりがない。
   没有买房子的经济能力。
5) 買う買わないは別として、一見するだけの価値はある。
   不管买不买，都值得一看。

話し言葉講座

11. 聞き手に共感を与える方法について

　人前で話をする目的は、相手に本当の意味での理解をしてもらうことです。一方的ではなく「興味⇒説明⇒納得」の順で相手にこちらを理解してもらうことが重要なのです。
　相手に理解してもらう為には、話す側が相手に共感を与える具体的な例や一般的な例を分かりやすく紹介することがなによりです。そのためには、上手な「例えば」を使いましょう。
　「例えば」を上手に使う為に、相手が興味を持つ内容に対して「例えば」という例を予め用意しておくのです。相手が興味を持つ内容は当然自分が相手に興味を持たせたく相手に強く印象づけたい内容です。そのため、その内容に関しては徹底的に具体例を調べ尽くしておきましょう。具体例は、一般的な例、相手にとっての利

点などが良く、特に自分に関係する分野の内容で、現実的な話題、例えば、「こうすれば利益がこれくらい上がる」とか、「五年かかるのが半年で終わる」とか、利益や時間などのような具体例をあげれば、良いでしょう。また、相手に納得してもらいたい内容が専門的で分かりにくい時には説明が終わった後に、相手の立場に合った内容を具体例として挙げてあげると、相手の興味も強まります。難しいシステムの話をした後に「例えば、御社なら年間で20億円の経費節減になる」というようにより現実的な具体例を挙げるとより一層興味が強まります。

また、いつでも「例えば」が相手にとって最適かというとそうではありません。それは本来なら「例えば」は相手側からの質問に対しての応答として最適だからです。つまり、10個の例を持っていても自分から出すのは1個というように残りはいざと言う時の為に取っておく方が話の流れをスムーズにテンポ良く進めることが出来、相手との良いコミュニケーションとなります。

補充単語

コンピューター用語1

安全漏洞	セキュリティーホール
安装	インストール
病毒	ウイルス
菜単	メニュー
単击	クリック
电子邮件	電子メール（でんしメール）
电子商务	Eコマース、電子商取引（でんししょうとりひき）
多媒体	マルチメディア
防火墙	ファイヤーウォール
格式化	フォーマット
光标	カーソル

スピーチ練習問題

1. 車社会についてどう思うか、貴方の考えを述べなさい。
2. 限りある資源で、人間はどうやって豊かにすることができるか、述べなさい。

第十二課

本文

1　教育を語る（上）

Q：「最近の若い者は…」という話し方をすると年をとってしまったのかなあと思われる恐れがありますが、最近の教育、学校に関わる諸問題、事件、例えば、いじめ、学校離れ、学級崩壊、教師による犯罪などをどのように捉えていますか。

A：そういう話を聞くと非常に残念です。私たちの時代もいじめや校内暴力はありましたが、すくなくとも、先生に対しては、みんなが尊敬していたとは言いませんが、なんらかの重みみたいなものは、感じていましたし、学校も好きだったと思います。そこで、今と違う点と言えば、私たちの世代までの教育は学校が絶対的なものであり、先生に対しても絶対的な雰囲気を感じる存在だった。当然、学校に行くことは当たり前のことであり、先生に怒られれば、「しまった！」と素直に思ったでしょう。

学校にすごく価値があったと言いたいです。よく考えてみれば、当然なのですが、日本は、本当に教育に力をそそいできましたし、そして、教育は皆を幸せにさせ、豊かにさせてきました。

江戸時代の士農工商という身分階級も教育が破り、貧富の格差も教育が公平にさせた。貧乏な家庭に「いい学校に行ったら裕福になれるんだ！」という夢も与えてきました。今の子供にはそんな思いは無いでしょう。昔、「おしん」というNHKの連続テレビ番組を知っていますよね。

あの「おしん」、アジアの国々では、非常に人気がありましたが、実は、アメリカでも放送されたみたいなんです。でも、ぜんぜんダメだったようです。アメリカ人と日本人を含めたアジア人、この点でどこが違うかと言えば、アジアの人々は学校に行きたくても行けなかった。でも、アメリカ人は学校があって当たり前。だから、おしんが赤ちゃんを抱っこして、うらやましそうに友達の授業風景を見ている姿に、目頭が熱くなったのがアジアの人々で、「たいへんだなあ」なんて思って見ていたのがアメリカ人だったのかな。今の子供たちは当然アメリカ人に近いわけです。自分がここで言いたいのは、まず我々の先入観である「学校の絶対的な価値」で教育を見てはいけないということです。

　Q:「学校の絶対的な価値で教育を見てはいけない」とは具体的にはどうしたらいいのですか。

　A: すごく乱暴な言い方ですが、不登校の生徒や授業をボイコットする生徒から見れば「魅力のない学校、授業にどうしてしばられなくてはならないのか。」というふうになって当然で、また、そういう意見もいいじゃないかと思います。また、笑えないのが、不登校生徒の増加と比例して不登校教師がかなり多くなっているのですが、彼らにしても、聖職としての教師とか学校の絶対的な価値なんて考え方が無いんではないかと思います。だから、逆に「教師の人権」も大事だ！　なんてことになり、教師のカウンセラー制度も必要となってしまいます。

　自分たちの世代までは、親も子も社会もその「学校の絶対的な価値」を信じていたので、その価値が防波堤みたいなものになって、そのような問題の歯止めになっていました。しかし、いまはもうそのような防波堤はありません。生徒と学校を結びつけるものは、昔、我々が抱いた「学校の絶対的な価値や威厳」ではなく、唯一「魅力ある学校、魅力ある授業」です。政治家をはじめ教育関係者がどれだけ「魅力ある学校づくり」の環境を整えるかが大切です。

単 語

関わる(かかわる)	有关
苛め(いじめ)	欺负,虐待
素直(すなお)	坦率,老实
力を注ぐ(ちからをそそぐ)	致力
士農工商(しのうこうしょう)	士农工商
破る(やぶる)	打破
貧富(ひんぷ)	贫富
抱っこ(だっこ)	(幼儿语)抱
目頭(めがしら)	内眼角
ボイコット	联合拒绝
聖職(せいしょく)	神圣的职务
カウンセラー	职业咨询人员
防波堤(ぼうはてい)	防波堤,堤坝
歯止め(はどめ)	制止,阻止

表 現

一、～と言えば

接続 体言；用言終止形

意味 提起…,说起…

1) 楽しいと言えば、学生時代ほど楽しい時代はないだろう。
   说到开心,没有比学生时代更开心的了。
2) 気持ちがいいと感じる温度と言えば、どのぐらいなんだろう。
   感觉最舒适的温度,是多少度呢?
3) 1945年と言えば、日本が敗戦した年ですね。
   说起1945年,就是日本战败的那一年吧。
4) 王さんと言えば、卒業して商社に勤めたはずだが。
   说起小王,毕业后好像在商社就职了。

5) 転勤と言えば、僕も来年は3回目の転勤になりそうだ。
说到工作调动,我明年看来要第三次工作调动了。

二、～恐れがある
接続 体言＋の；用言・助動詞連体形
意味 恐怕…,有…之虞

1) このペースで人口が増え続けると、近い将来食料不足になる恐れがある。
照此速度人口持续增长的话,不久的将来恐怕会发生粮食短缺。
2) 洪水の被害が拡大する恐れがあるので、政府は各国に緊急援助を求める予定である。
因为洪水灾害有扩大的可能,所以政府计划向各国寻求紧急援助。
3) この薬が副作用の恐れがあるので、医者の指示に従って飲んでください。
这种药有可能产生副作用,因此请在医生的指导下服用。
4) この本は子供に悪い影響を与える恐れがある。
这本书也许会给孩子带来不良影响。
5) 君の態度は皆の誤解を招く恐れがある。
你的态度恐怕会引起大家的误解。

2　教育を語る(下)

Q：魅力ある学校をつくったり、教育環境を整えたりするには、どうすればいいですか。

A：その第一の条件は生徒が授業をエンジョイできるかどうかです。授業をエンジョイするとはどういうことですか。日本の授業は、絶えず生徒は受動的です。たとえば、先生の話を聞く、理解する。教科書に書いてあるものを理解する。英単語、英熟語、化学式、方程式を暗記する。これらが、日本の典型的な授業方法です。まさに一方通行の授業ですね。この一方通行的な授業、たとえば、先生、教科書が絶えずピッチャー、生徒が絶えずキャッチャーの授業ではなく、キャッチボールのできる授業に変える必要があります。

自分を表現すること、自己を他と触れ合わせることで他人の価値を認めること、自ら学ぶ姿勢、これらが、授業をエンジョイするために必要なのです。子供たちは基本的には自分を知ってもらいたい、表現したいのです。

Q：授業をエンジョイするという意味はわかりましたが、そのために関係部門の施策として何ができますか。

A：まずは、1クラスあたりの生徒数を減らすことです。現在は40人以内となってますが、これを最低35以内程度の少人数学級にするべきです。教育のマスプロダクション(大量生産)の時代、あまり色のついていない、従順な人材、金太郎あめ的な人材が求められていた時は、1クラスにできるだけ多くの人材を社会にどんどんと送り出せばよかったが、今の世の中はそうするわけにはいきません。一人一人の個性を引き伸ばせてあげられるクラスのサイズが大切です。そして、よく言われるように、先生にとっても人数が少なければ、より指導もしやすいと思います。と同時に、教員の採用制度の見直しが必要です。しかも大胆な見直しをしなければなりません。先に不登校生徒と比例して不登校教師が増えていると言いましたが、やる気があって、教えるのが好きで、生徒を指導す

る能力を備えた人材を獲得することです。しかし、言うは易しです。

　では、どういうふうに先生に適した人材をとるのか、今は、採用試験を改善することによっていい人材を獲得することが、もっとも行われていることでありますが、私は採用試験をどういじくっても限界があると思います。そこで、私は、2, 3年間の試用期間制度を導入するべきだと思います。なぜか。私は、基本的に採用試験では、人は見ぬけないと思いますし、いくら面接を重要視しても、1, 2回の面接では、なかなか、その人が先生として適任かを見極めるのが難しいからです。だから、2, 3年間の試用期間中に、実際、生徒と関わってみて、「この人なら、大丈夫」という人を採用するべきでしょう。そこで、だれが、その判断をすべきかという話になると思いますが、それは、校長を中心とした組織です。

　たしかに、人を評価することは難しいことではありますが、私は、逆に、人を評価することができない管理職はむしろ管理職の資格がないと思いますし、校長ではない。非常に横ならび意識の強い学校の現場での、管理職が部下に対して「あなたは、ここは、すばらしいが、ここは直すべき。」と言うべきです。

　人を評価することは難しいことではありますが、しっかりとした組織を作るためには必要です。

　そして最後に、さっきと関係するのですが、教師に能力評価を導入すべきです。しかも当然、昇給や昇進に反映する形です。アメリカの大学や一般の会社では当たり前のことでありますが、日本の教育現場では適さないとされてきましたが、私は、今の時代だからするべきだと思います。能力評価を導入すること、そして一生懸命、生徒の勉強を教え、生徒の身になって真剣に考えてくれる先生を評価してあげること。逆に、サラリーマン感覚で先生をしている人に関しては、それなりの厳しい評価も必要です。今の学校現場にはやる気のある先生を積極的に育てる必要があると思います。

第十二課

単　語

エンジョイ	享受
ピッチャー	(棒球)投手
キャッチャー	(棒球)接球手
キャッチボール	(棒球)投接球练习
従順(じゅうじゅん)	顺从,听话
マスプロダクション	大量生产,批量生产
金太郎飴(きんたろうあめ)	金太郎棒棒糖(一种无论从何处切开均可出现金太郎头像的棒棒糖)
備える(そなえる)	具备
獲得(かくとく)	获得
言うは易し(いうはやすし)	说起来容易
弄る(いじくる)	随意改动
見抜ける(みぬける)	看透,看穿
見極める(みきわめる)	看清,看透

表　現

一、～わけにはいかない
接続　動詞連体形
意味　不能…,不得…

1) いくら親友でも、仕事上の秘密をしゃべるわけにはいかない。
   即使是好朋友,也不能说出工作上的秘密。
2) 風邪を引いてしまって体の具合が悪いけど、明日は重要な会議があるので、会社を休むわけにはいかない。
   虽然感冒了身体不适,但因为明天有重要的会议,所以不能请假。
3) 買う金はあるが、将来のことを考えると、あまり贅沢なものを買うわけにはいかない。

虽然有钱买,但考虑到将来,还是不能买太奢侈的东西。
4) 医者はもっと休んだほうがいいと言うんですが、仕事のことを考えると、そうしているわけにはいかない。
医生说最好再休息几天,但考虑到工作,不能休息。
5) 大学を卒業したのだから、もう親のすねをかじるわけにはいかない。なんとかして経済的独立をしなければ…。
因为已经大学毕业,不能再靠父母养活了,必须想办法经济独立。

二、～こと
接続　体言；用言終止形
意味　要…,必须…
1) レポートは来週までに提出すること。
报告要在下周之前交。
2) 教室で煙草を吸わないこと。
教室里禁止吸烟。
3) この薬は必ず食後 30 分以内に飲むこと。
这种药必须在饭后三十分钟内服用。
4) 病室では静かに歩くこと。
病房里走路要轻点。
5) 試験当日は受験票を忘れないこと。
考试当天请不要忘记准考证。

話し言葉講座

12. わかりやすいデータの使い方

物事や自分の主張や考え方などをよりよく聞き手に理解してもらうために、場合によっては、特に数字データを活用すると、予想以上の効果があがるのです。

数字データを使って説明すると当然、より具体的になることは

言うまでもありません。しかし、そのデータが正確すぎると、正確なデータだから相手が納得してくれるかと言うと、そうでもありません。数字データの大小を相手が十分理解できなければ意味がないからです。そのため、相手に数字データよりも理解しやすいように様々な比喩を使って、相手がデータをよりイメージしやすいようにしてあげます。例えば、「工場は東京ドームの2個分の敷地面積」のように、「東京ドーム」を比喩に使って、よりイメージしやすいようにしてあげます。データも様々な比喩を使ってあげることで、自分の説明に都合の良いデータに生まれ変わります。価格の大きな商品を買う時に営業マンのほとんどが説明に利用するのは日常の手ごろなものを比喩にとります。例えば、3 000万円のマンションを販売する時は、毎月10万円の返済の計画を立て、現在の家賃が7万円なら、「今より月に3万円程度の負担金額でマンションが自分のものになります」と説明をし、相手が「月に3万円なんてとんでもない」と言うと、「1日にするとわずか1 000円増えるだけですよ」と説明し、さらにこの1 000円を、「ビール一杯とタバコ1箱程度を我慢していただければ良いだけです。」と説明してあげるのです。最初は3 000万円という大金だったのがいつの間にやらビール一杯とタバコ1箱という比喩を使い、3 000万円のマンションもなんだか簡単に手に入る気がしてくるのです。同じ内容でも「3割引き」というよりも「30％OFF」といったほうが3よりも30の方が数字が大きい為に無意識に後者の方が大セールをしているように感じてしまうのです。

　ですから、わかりやすいデータをうまく使うように、心掛けましょう。

コンピューター用語2

黒客	ハッカー
互联网	インターネット

鍵盤	キーボード
空格鍵	スペースキー
控制面板	コントロールパネル
宽带	ブロードバンド
联网	オンライン
密码	パスワード
软件	ソフトウェア
软盘	フロッピーディスク
清除	クリア

スピーチ練習問題

1. 教育の原点は何か、貴方の考えを述べなさい。
2. 大学のあり方について、貴方の意見を述べなさい。

第十三課

本文

1　活字か、テレビか、ITか

　先日、私は、「紙と活字の本はなくなるのか。」という題で小文を書きました。活字文化がIT文化の出現で脅かされている現状を、いささか深刻に考えてみたのです。

　ところが、今ジャーナリズムでは、テレビ文化対IT文化の対立がしきりに話題になっています。統合できるか、いや、それは無理、というような話です。

　人間文化を、表現媒体の進化の歴史として大きく捉えてみると、およそ百万年くらい前に、話し言葉の出現とともに人間が生まれました。それから遙か後、五千年くらい前の文字出現、それから五百年前の活字の出現、そしてテレビ出現、それはせいぜい五十年くらい前のことでしたが、同じ頃IT媒体が出現し、その後、一般的な表現媒体として急速に発展し、情報伝達文化が騒がしくなっている、という次第です。

　古い表現媒体は、新しく出現した表現媒体に脅かされることはあっても、それと並んで残っていくものでした。

　しかし、その表現内容は変化していきます。

　表現媒体の大きな変化は、表現内容を変化させる、というのは私の基本的な考えです。否応なしに、私たちは今日のIT媒体の影響力を承認しなければならなりません。

　ところで、別の面から情報伝達文化を考えると、もう少し弱いけ

れど、抽象化の方向と、具体的人間関係重視の方向があります。つまり、西洋文化の抽象化と、これに対する私たち日本文化の具体性重視とです。

　たとえば、株式会社で、株式を重視するか、社内の人間関係を重視するか、といった違いです。

　表現媒体の進化は、基本的に抽象化の傾向です。私たち日本人は、この進化にいつも少し遅れながらついていく、ということになるのでしょう。

単　語

活字(かつじ)	活字,铅字
小文(しょうぶん)	拙文;短文
脅かす(おびやかす)	威胁
いささか	一些,一点儿
ジャーナリズム	新闻界,报业
頻りに(しきりに)	频繁地,连续
統合(とうごう)	统一,综合
媒体(ばいたい)	媒体
騒がしい(さわがしい)	吵闹的,喧嚣的
否応なしに(いやおうなしに)	不容分说
承認(しょうにん)	承认

表　現

一、～とともに

接続　体言；用言終止形

意味　随着…,与…同时…

1) 地震の発生とともに津波が発生することがある。
　　发生地震的同时有时也会发生海啸。
2) 国の経済力の発展とともに、国民の生活も豊かになった。
　　随着国家经济实力的发展,国民的生活也富裕了。

3) 年を取るとともに、記憶力も弱ってきた。
   随着年纪上去，记忆力也衰退了。
4) 卒業して社会に出ることは、嬉しいとともに心配でもある。
   毕业后踏上社会，高兴的同时也有些担心。
5) ホテルを予約するとともに、新幹線の切符も買っておく。
   预定旅馆的同时，也买好新干线的车票。

二、～といった
接続 体言；用言終止形
意味 …之类的…

1) この大学には、タイ、インドネシア、マレーシアといった東南アジアの国々からの留学生が多い。
   这所大学有许多来自泰国、印度尼西亚、马来西亚这些东南亚国家的留学生。
2) 私はぶどうとかスモモとかパイナップルといったような酸っぱい果物がすきです。
   我喜欢吃葡萄啦、李子啦、菠萝这类酸的水果。
3) 納豆と海苔といった日本の食べ物を好む外国人が増えてきた。
   喜欢纳豆和海苔之类的日本食品的外国人多了起来。
4) 最近は忙しくて映画などといったものを見る暇がない。
   最近很忙，没空看电影之类的东西。
5) これといったすることもなく、一日中ぶらぶらしていた。
   也没什么事做，整天无所事事。

2 数字の奇妙さ

　同じ一つの事柄でも表現の仕方で大いに印象が異なってきます。学生たちに、「私たちの人生はたかだか100年、短いものだ」と言っても同意の反応はありません。100は小さい数ですが、「年」は長いと感じているから、100年は短くないのです。しかし、「私たちの人生はたかだか30億秒、短いものだ。」と言い換えると、「おや！そうだなあ。」という顔つきになります。目の前を刻々と流れる「秒」という時間は極めて短いから、30億秒という大きな数でも相殺できないからでしょう。

　どんな話題でも、数字をあげると正確そうに見えますが、その数と単位の組み合わせによって、分かりやすくも、分かりにくくもなります。その使い分けに十分注意する必要があります。数字が出された根拠とともに、数の単位に注意しておかないとごまかされることがあるからです。実感を伴わない巨大な数が、いかにも大したことがなさそうな小さな数字で煙に巻いてしまう手口が、よく使われています。

　交通事故数を例に取ってみましょう。日本では、1年で約1万人が交通事故で亡くなっています。好調阪神で満員になった甲子園の観客5人に一人が（つまり、あなたの前後左右のだれかが、いやあなた自身かもしれない。）1年のうちに亡くなり、5年で観客がゼロになるくらいの多い数です。しかし、1日にするとほぼ30人で、それを一つの都市にするとゼロか一人だから、「今日の交通事故数」が警察署前に掲示されても人々は大きな数とは思わないのです。つまり、あの掲示は、交通事故の恐ろしさを伝えているのではなく、逆に交通事故は少ないのだと安心させており、かえって事故を増やす効果になっていると言えるでしょう。

　昨年、戦後の交通事故の死者総数が50万人を超えたという報道がありました。日本は、事故から24時間以内の死者しかこの統計に入れないが、国際的に主流となっている30日以内の死者数とす

ると60万人を超えるでしょう。この数は静岡市や新潟市のような地方中核都市の人口に匹敵し、それだけの数の人々がすべて交通事故で姿を消してしまったことを意味しています。このように積分すると「交通戦争」という言葉が実感できるのです。警察署の前には、せめてこの累積死者数が掲示されてしかるべきだと思います。

　クルマ社会の異常さを感じている私だから交通事故数を話題にしたのですが、このような数字のトリックはどこにでもころがっています。なぜそのような数字として発表したのかを考え、発表者の意図を見抜くことが大事だと思います。

単　語

たかだか	顶多,充其量
顔つき(かおつき)	表情
刻々(こっこく)	每时每刻
相殺(そうさい)	抵消
組み合わせ(くみあわせ)	组合
煙(けむ)	烟雾
手口(てぐち)	手法,手段
掲示(けいじ)	布告
中核(ちゅうかく)	核心
匹敵(ひってき)	匹敌
積分(せきぶん)	积分
トリック	诡计,圈套
見抜く(みぬく)	看穿,认清

表　現

一、～てしかるべきだ

接続　動詞・形容詞テ形

意味　应当…,理应…

　1) 先輩にはそれ相応の敬意を払ってしかるべきだ。

対前辈应该表示适当的敬意。
2) これだけの味なら、値段が高くてしかるべきだ。
这么好的味道，价钱贵是应该的。
3) 時にはわたしのことも考慮に入れてしかるべきだ。
有时候也该考虑一下我。
4) 法治国家だからには、それが悪法であろうと、守ってしかるべきだ。
既然是个法治国家，那么就算是不好的法律，也应该遵守。
5) 今回のことは君の自業自得としか言いようがない。自分でまいた種は、自分で刈ってしかるべきだ。
这次的事情只能说是你自作自受。自己种下的种子，应该自己收。

話し言葉講座

13. 自分のイメージを確認する

　人にはそれぞれタイプがあります。自分自身のタイプに合った会話力を身につけることがやはり重要なのです。
　タイプというと、「では、私はいったいどんなタイプなのだろうか。」と疑問に思う方も出てくるはずです。ここで言う「タイプ」というのは、あなたが話をする時に相手にどう映るのかを言っています。真面目そうな人、面白い人、何でも答えてくれそうな人、明るい人など、相手には様々なタイプに映っているはずです。会話力をつけるには自分が相手にどう見られているのかを常に意識する必要があるのです。
　まず、自分はどう見えるのかを知るために、自分が話しているところを見てみましょう。一番良い方法がビデオに撮って見ることです。改めて見てみると、自分では自信をもって話しているつもりが、どうも曖昧になっていたり、テンポ良く話しているつもりが、逆に落ち着きのない態度に見えたりするなど、自分の問題点に

気づくことが多いものです。ビデオに撮ることが出来ない人は鏡を利用しましょう。鏡の前で色々な練習をしましょう。例えば、プレゼンテーションをするのなら、最初の言葉から自分を鏡に映して話をしてみましょう。自分がどう見えるのか、手の位置や体の向きなど、普段気にならない部分に気づくことかと思います。自分を見つめ直して、気になる部分をビデオや鏡を使ってチェックして徹底的に会話力に磨きをかけましょう。

補充単語

コンピェーター用語 3

驱动	ドライブ
扫描仪	スキャナー
删除键	デリートキー
上网	アクセス
升级	バージョンアップ
双击	ダブルクリック
鼠标	マウス
数据库	データベース
数码相机	デジカメ
调制解调器	モデム

スピーチ練習問題

1. ITの普及でテレビは消えるのか、貴方の考えを述べなさい。
2. 数字の効用について述べなさい。

第十四課

本文

1 展覧会からのメッセージ

「大空を鳥のように飛べたら―」、そのような思いに駆られた技術者たちは、気球でその第一歩を踏み出し、やがてプロペラの飛行機をつくりあげました。今では、大空を越え、人間がつくりあげた科学技術のレベルは宇宙に行くまでの高度なものとなり、人工衛星には、最高水準のコンピュータプログラムが搭載されています。

私たちの生活のなかで身近なものから考えてみましょう。例えば、パソコン。ポータブル化され、大量の記憶が可能なうえ、相互通信ができるなどその機能は飛躍的に伸びています。

今では、子どもから大人まで楽しめるテレビゲームの世界。みなさんはその誕生までの話ってご存知ですか。科学者や技術者が、「どうやって見せれば、みんなにわかりやすく研究成果を見せられるか」という発想から誕生しました。そう、ゲームは科学者や技術者の遊び心から生まれた「楽しさ」の産物といえるでしょう。やがてテレビゲームは、ハード面、ソフト面ともに進化していきます。

この展覧会は、私たちが、日常、ゲームやパソコンなど身近に親しんでいる「モノ」を基点として、科学的な視点で楽しみながら最先端の科学技術を解き明かし、わかりやすく紹介しようとするものです。

「もし、展覧会の会場全体がテレビゲームのような空間だったら―?!」。テレビゲームという「画面の世界」から飛び出し、展覧

会の会場という「現実の空間」に置き換え、さらに「個人」だけが楽しむテレビゲームから「会場に居合わせた人」が同時に楽しむことができないか…、など、人間の夢はますます膨らみます。

　この「ゲーミング・プロジェクト」は、そんな夢を実現させ、エンターテインメントの分野にコンピューティングの技術を応用した世界初の試みです。さらに多数の人が一体となって特定の作業をすることでゲームが成立する「シリーズ1」やテレビゲームを初めとするデジタルテクノロジーの世界とアートの分野が融合した「シリーズ2」などこれまでにないゲームの楽しみ方が体験できます。

　今年の夏、テレビゲームのこれまでと未来を探ってみませんか?

単　語

駆られる(かられる)	受某种心情支配
気球(ききゅう)	气球
プロペラ	螺旋浆
宇宙(うちゅう)	宇宙
ポータブル	便携的
ハード	硬件
ソフト	软件
解き明かす(ときあかす)	解开(疑点)
居合わせる(いあわせる)	在座
エンターテインメント	娱乐,演艺,余兴,文艺表演
コンピューティング	计算
デジタルテクノロジー	数码技术
アート	艺术,美术

表　現

一、～うえ(に)
接続　体言；用言連体形
意味　既…又…,…而且…

1) 昨日は道に迷った上、雨にも降られて、大変でした。
   昨天不仅迷了路,而且淋了雨,真是糟透了。
2) この八百屋の野菜は新鮮な上に値段も安い。
   这家蔬菜店的蔬菜既新鲜又便宜。
3) 彼の話は長い上に、要点がハッキリしないから、聞いている人は疲れる。
   他讲话既长,又要点不明,听的人很累。
4) 来週は出張がある上に、結婚式にも出なければならない。
   下星期既要出差,还必须参加婚礼。
5) このデジタルカメラは操作が簡単な上に、小型で使いやすい。
   这台数码相机不仅操作简单,而且体积小使用方便。

二、～って
接続 体言；用言終止形
意味 （提示主題）

1) ゲートボールって、どんなスポーツですか。
   门球是什么样的运动?
2) 反対するって、勇気のいることです。
   反对是需要勇气的。
3) 「手紙」って、中国語ではトイレットペーパーという意味だそうです。
   听说在中文里"手纸"是卫生纸的意思。
4) 王先生って、本当に優しい人ですね。
   王老师真是个和蔼可亲的人啊。
5) うわさって、怖いものです。
   流言飞语真可怕啊。

2　ハイテクとローテク

　一般に「ハイテク」は「ハイレベルのテクノロジー」のことだと思われています。最先端の「高度な」技術、完成度の「高い」技術、うまく使えば「ハイリターン」、などのイメージもあります。
　しかし、これはあくまでも言葉の作るイメージでしかありません。エンジニアとして冷静に評価してみれば、「ハイテク」は、名前の割には、「まだ使えない、幼稚な技術」にすぎないことがしばしばあります。完成度や信頼性という面で見れば、ローテクといわれるもののほうがずっと優れています。長い時間をかけ、多くのエンジニアが携わってきた分、「高度に」洗練された「ハイレベルな」ローテクも、決して珍しくありません。
　にもかかわらず、エンジニアが魅力を感じるのは、ローテクではなく、ハイテクです。「ハイレベルの技術だから」という理由でないとすれば、ハイテクの何がエンジニアの心を動かすのでしょうか。
　それは、ハイテクの持つ「不完全さ」と「ダイナミズム」なのです。よくできた「完全な」技術だからではなく、不完全だからこそ、ハイテクはエンジニアの心を躍らせるのです。
　エンジニアの目で古いローテクを見て「いま見ても素晴らしい技術だな。」と感心することはあっても、いまひとつ心躍らないのは、それが成熟し完成した技術であり、ダイナミズムに欠けているからです。ダイナミズムとは、不完全さを埋めて完成度を上げようと試行錯誤する動き、改良やイノベーションのチャンスと言い換えることもできるでしょう。
　ハイテクは不完全で不安定なので、環境に適応しなかったり競合にかなわなかったりして、思うように儲けが出ないこともあります。そんなときでも、プロジェクトを中止するなり、部門ごとリストラするなりすればいいのです。
　すなわち、経営サイドは「ノーリスク・ハイリターン」です。エ

ンジニアのリスクだけが現実化し、どこへともなく漂うか、やがて墜落するか、ということになるわけです。「ハイリスク・ハイリターン」のうち、ハイリスクはエンジニアが、ハイリターンは経営者が担当しているわけで、まったく不当な話です。

　これと比べてローテクはどうかというと、エンジニアも経営者と同じく、儲けにも手が届きます。しかし、ローテクは一般的に「ローリスク・ローリターン」なので、全体の儲けは小さいものです。それより、なにより、エンジニアとしては、自由勝手に振舞うことができないのが面白くありません。

単　語

ハイテク	高科技
ローテク	低科技
ハイリターン	高回报
あくまでも	总是
エンジニア	工程师,技术员
しばしば	屡次,再三
携わる(たずさわる)	参与,从事
洗練(せんれん)	精练;讲究
ダイナミズム	活力
躍る(おどる)	兴奋,激动
試行錯誤(しこうさくご)	摸索,反复实验
イノベーション	改良,革新
競合(きょうごう)	竞争,争执
リストラ	裁员
サイド	一侧,方面
ノーリスク	无风险
漂う(ただよう)	飘荡,漂浮
墜落(ついらく)	坠落

表　現

一、～でしかない

接続　体言

意味　只不过是…

1) 台湾は中国の一部でしかない。
   台湾只不过是中国的一部分。
2) あの人は社長にまでなったが、親の目から見るといつまでも子供でしかない。
   那个人虽然当上了总经理，但在父母的眼里永远只是个孩子。
3) 時間がないからできないと言っているが、そんなのは口実でしかない。
   说因为没有时间所以做不了，那只不过是借口。
4) どんな社会的な地位のある人でも死ぬときは1人の人間でしかない。
   无论社会地位多高的人，死的时候也只不过是个普通人。
5) 会社では威張っているが、家では誰にも相手にされない人でしかない。
   虽然在公司很威风，但在家里只不过是个没人理睬的人而已。

二、～割には

接続　体言＋の；用言・動詞連体形

意味　虽然…但是…，就…而言

1) 日本に長い間住んでいた割に、日本語がうまくない。
   虽然在日本住了很长时间，但日语并不好。
2) 他の従業員の倍の仕事をさせられている割には、給料が安い。
   尽管不得不干多于其他职员一倍的工作，但工资却很低。
3) 彼は何事もまじめな割には人から好かれていない。
   尽管他凡事很认真，却不受人欢迎。

4) 今日はいい天気だったのに、予想した割にはお客が少なかった。
   今天虽然天气好,但客人比预料的少。
5) ここは有名な高級料理店だが、値段の割にはおいしくないね。
   这里是有名的高级餐馆,虽然贵,但并不好吃。

話し言葉講座

14. 事実とデータと論拠で話す

　発音がどんなにきれいでも、言葉遣いがどんなにうまくても、しゃべり方がどんなに上手でも、何時までもだらだらと喋り捲ったり、空論を立てたりするのでは、自分の意見を相手に理解してもらえない場合があります。その時には、事実とデータで話すことをお勧めします。

　事実とデータがない話は、説得力がないし、嘘だと思われても仕方がありません。

　自分の意見を証明するには、事実とデータに勝るものがありません。ですから、事実とデータで証明できないものは言わないほうがいいです。事実とデータで裏づけできない話は空想であり、思い付きであると言われても仕方がありません。

　事実とデータのなかでも一番説得力のあるのは、数字です。それも根拠のある正しい数字でなければなりません。

　また、論拠とは、既に証明済みの命題、あるいは証明する必要のない公理、定理などのことです。

　物が落ちるのを説明するのに、ニュートンの万有引力の法則を使えばいいし、キリスト教の教養を説明するのに、聖書の言葉を引用すればいいです。

　論拠として有効なのは、第一には法則や定理や公理です。第二に文献や論文です。特に、文献では古典が有効な論拠になります。

論文は、多くの学者や研究者が定説として認めたものが望ましいです。

　この様に、貴方のスピーチに、以上のような、自分の説の正しさを人に示すものがあれば、きっと説得力のあるものになり、人が頷いてくれるものです。

補充単語
コンピューター用語 4

网上聊天	チャット
网站	ウェブサイト
显示器	ディスプレー
下载	ダウンロード
卸除	アンインストール
信息内容	コンテンツ
硬件	ハードウェア
硬盘	ハードディスク
用户	ユーザー
邮址	メールアドレス
指令	コマンド

スピーチ練習問題

1. パソコンゲームのよしあしについて述べなさい。
2. ハイテクの本質は何か、貴方の認識を述べなさい。

第十五課

📍 本　文

1　音楽との付き合い方

　よく「人さまざま」と言いますが、人と音楽との付き合い方も、人によって、また付き合う相手の音楽によってもさまざまで、こうと決められるものは、何一つありません。

　それに、近頃は、マスメディアの発達によって、こちらがちっとも音楽など聞きたくもないときでさえ、あちらの方から勝手に「やあ、今日は」という調子で、付き合いを求めてきますので、人と音楽との関係は、ますます複雑な様相を呈するに至りました。

　元来、人間の耳というものは、目や口とは違って、相当器用な人でもパタパタと開いたり閉じたりすることが出来ません。ことによったら神さまたちも、人間の住むところにこれ程まで、音が氾濫しようとはお見通しになれなかったかも知れません。

　したがって、向こうの方から無神経に交際を強要した時には、それを拒否するために、それ相当の努力を必要とします。少し手を伸ばして、ラジオやテレビのスイッチを切ればこと足りる場合はまだいいとしても、音源が他人の所有地であったり、公共の場所で不意に襲われたりした時には、もうどうすることも出来ません。またそういう手合いにいちいち付き合っていたら、こちらの神経が参ってしまいます。

　そこで近代生活を営む人間たちは、次第にその手の交際強要型

音楽から身を守る方法を身につけるようになりました。聞き流してしまう、あるいは、聞くともなしに聞くという方法がそれです。

ところが、こういう一種の生活技術が身についてしまうと、今度は一生懸命聞かなくてはならない時が来ても、日ごろの習性が働いて、思わず聞き流してしまうという真に困ったことが起きてきます。わざわざ何千円もの投資をして聞きに行った外国から来た巨匠の演奏を、うっかり聞き流している滑稽さは、本人が少しもそれに気がつかない場合が多いだけに、ますます滑稽です。

こういう状況の中で、人と音楽との真面目な交際について語るのは、相当に難しいことですが、私は、まず付き合う相手の素性を知り、その上で自分に見合った相手を選ぶ——つまり付き合う相手の目標を絞り、当面それ以外のものは聞き流してしまう、というのも一つの方法ではないかと思います。

単　語

マスメディア	大众媒体
呈する(ていする)	呈现
ことによったら	或许,说不定
無神経(むしんけい)	感觉迟钝
強要(きょうよう)	强行要求
事足りる(ことたりる)	足够,够用
不意(ふい)	意外,突然
手合い(てあい)	家伙,东西
営む(いとなむ)	经营
巨匠(きょしょう)	巨匠,泰斗
滑稽(こっけい)	滑稽
見合う(みあう)	相称,平衡
当面(とうめん)	当前,目前

表　現

一、〜ともなしに
接続　動詞終止形
意味　无意…,偶然…

1) 窓の外を見るともなしに見ると、知らない男が私を見つめていた。
   无意中往窗外一看,一个不认识的男人正注视着我。
2) せっかくの休日だったのに、何をするともなしにぼんやり過ごしてしまった。
   好不容易有个假日,可却无所事事地过去了。
3) 先生の話を聞くともなしに聞いていた彼女は、突然名前を呼ばれ、一瞬、ぽかんとしてしまった。
   她正在有意无意地听着老师说话,突然被叫到名字,一瞬间愣住了。
4) 言うともなしに言った言葉で相手を傷つけてしまった。
   无意中说的一句话伤害了对方。
5) どこに行くともなしに歩いていると、いつの間にか彼女の家の前に来ていた。
   漫无目的地走着,不知不觉来到了她家门口。

二、〜だけに
接続　体言・用言連体形
意味　正因为…所以…

1) 杉山先生はもとアナウンサーだけに、発音がきれいです。
   杉山先生以前是播音员,所以发音很漂亮。
2) 王さんはアメリカに10年間もいただけに、英語が上手だ。
   小王在美国呆过十年,所以英语很好。
3) 心配していただけに、無事だという知らせを聞いて本当に嬉しかった。

正因为一直在担心，所以听说没事以后非常开心。
4) 長い間楽しみに待っていただけに、あきらめられないのだ。
正因为期待已久，所以无法放弃。
5) 父は年を取っているだけに、病気が治りにくい。
正因为父亲上了年纪，所以病不容易治愈。

2 生け花

　花を飾ったり、花瓶に挿したりするという事だけについて言えば、どこの国にもあることですが、神や仏に供えるためのものや、儀式のために飾る花だけではなく日常生活的な生活の場に、自然の生命ある花を取り入れて「いけばな」を生け、自然と心を通わせることを目的とした生活芸術を日本人が作り上げました。
　生け花の美に対する概念と、その作品の解釈は千差万別ですので、江戸時代の中頃以後、十流百家と呼ばれたようにたくさんの流派が相次いで生まれ、生け花が広く普及し一般化したために、それまでの華道という流派も含めて「いけばな」と呼ぶようになったと言われています。
　生け花を定義すれば、花弁草木を素材として造形する生活に密着した芸術の一形式であると言えます。生け花は最初に自然の中にある花や草木の美しさを発見することから始まりました。その美しさをいっそう美しいものに作り上げて楽しむのですから、決して自然の美しさを壊す行いではありません。
　生け花は様々な要素によって構成されています。例えば、花の色彩、その明暗、寒暖、清濁、大小、軽重、葉、枝、茎などの相違により、その美しさに違いが出てきます。
　また、花器と呼ばれる花を生ける器の形なり、感覚なり、材質の違いによっても、その作品に強い影響を与えます。花器の材質、例えば金属、竹、木、硝子、プラスチックなどによって、また、それぞれの形や色によっても千変万化のバリエーションが考えられます。
　技術的には素材の切り方、留め方、撓め方(力を入れて曲げること)、水揚の方法(生けた花の水の吸収をよくさせること)なども多種多様です。しかし最も大切なことは美を追求する精神だと思います。精神と技術が結び付いて初めて生け花の作品がより完全化されるのです。
　花を生ける時に忘れてはならない基本的な理念に「天」、「地」、

「人」があります。

　生け花の生まれた当時、人々は宇宙を、天と地と万物とで構成されているものだと考えていました。宇宙は最初混沌としていましたが、それがやがて二分されて、軽いものが上方に昇って天となり、重いものが下降して地となり、その二つをつないで調和させているものを万物と考えたのです。人は万物の霊長として森羅万象の代表とされたのです。

　この様な三つの原理を生け花の造形の中に表現しようとしたのが次のような花形です。

　上段に高く昇り、主導的な役割をしている枝を天とします。下段に低く補っている枝を地とします。この二つの間、中段で天地の調和を保っている部分が人となります。

　仮に三本の小枝、または花の茎があったとして、一番長いものを「天」と呼び、花器の中程に生けます。次に中位の長さのものを「人」と呼び、器の左右どちらか一方に置きます。そして一番短いもの、「地」を器の手前の方に据えて、各枝の上方の突端を結ぶ線（これは見えない仮の線です）が変則的三角形を為すようにします。

　このアンバランスな三角形や、素材の扱い方によって花を生ける人の個性が発揮されます。西洋のいわゆるフラワーアレンジメントが通常はなるべく均等に置かれるのと比較すれば、形状的に不規則に生けられる生け花はちょうど西洋庭園と日本庭園との対比にも似ています。

単　語

供える（そなえる）	供奉
千差万別（せんさばんべつ）	千差万别
相次ぐ（あいつぐ）	相继发生
華道（かどう）	花道
花弁草木（かべんそうもく）	花瓣草木

寒暖(かんだん)	冷暖,寒暑
茎(くき)	茎
花器(かき)	插花用器具
硝子(がらす)	玻璃
千変万化(せんぺんばんか)	千変万化
バリエーション	変化,変动
撓め方(たわめかた)	弯曲方法
水揚(みずあげ)	吸收水
混沌(こんとん)	浑沌
霊長(れいちょう)	灵长
森羅万象(しんらばんしょう)	森罗万象
突端(とったん)	突出的一端
アレンジメント	排列

表　現

一、～ために
接続　体言の；用言連体形
意味　由于…,因为…

1) 前方事故のため、現在 6 キロ渋滞です。
   因为前方事故,现在 6 公里路段发生堵塞。
2) あの患者は重い病気のため、1 人では食事すらできない。
   那名患者因为病情严重,甚至不能独自进食。
3) 昨日も今日も遅刻したため、先生に注意された。
   因为昨天和今天都迟到,因此受到老师的警告。
4) 入試に失敗したのは、面接試験の準備を怠ったためだと思う。
   我认为考试失败是因为面试准备不足。
5) 携帯電話の電磁波は飛行機や病院で使用されると、電子設備が誤作動を起こすことがあるため、それらの場所での携帯電話の使用が厳しく制限されている。
   手机的电磁波在飞机和医院中会引发电子设备的失灵,所以手

机在那些场所被严格禁止使用。

二、～なり、～なり
接続　体言；用言連体形
意味　或者…或者…

1) 困ったときには、父なり母なりに相談する。
   为难的时候,我会找爸爸或妈妈商量。
2) 酒なりビールなり、速く持ってきなさい。
   酒也行,啤酒也行,快点拿来!
3) 夏休みは、好きな本を読むなり旅行するなりして、自由に楽しみたい。
   暑假想看喜欢的书或旅行,自由地享受一下。
4) 君に上げたからには、人にやるなり捨てるなり、それは君の自由だ。
   既然给你了,送人也好扔掉也好,都是你的自由。
5) ファックスでなり電話でなり、ご連絡くださければ、いつでもお伺いします。
   传真也行,电话也行,只要你跟我联系,我随时可以去拜访。

話し言葉講座

15. 前置きが長すぎないように

　スピーチをする時に前置きが長すぎる人がいます。
　ずばり本題に入らないで、延々と前置きを話しますので、聞く人がうんざりします。会議でのスピーチなんかでこういう人がいたりすると、「また始まったか」と思ってお手洗いなどへ行くふりをして会場を抜けます。聞いていられないのです。
　前書きが長いのは、一番人に嫌われる話し方です。
　いわゆる有名人のスピーチを聞いたことがありますが、前置きが長いのにがっかりしました。社会的舞台で活躍している著名人

なのに、いざスピーチにでもなるとどうして前置きが長くわかりにくい話し方をするのでしょうか。

　前置きが長いのは即ち論理的な話し方をしていないことです。

　有名な学者や文化人の話しを聞いて思ったことは、論理的に考える力を持っていても、論理的に表現できない人が多いのではないかということです。論理的に考えるのは得意ですが、それを論理的に表現するのが下手なのです。

　こういう人は素質として論理的思考能力がありますから、訓練によって論理的に表現することが出来るようになります。

　しかし、一番困るのは、論理的に考える能力もなく、論理的に表現する能力もない両方ダメという場合です。これは、両方の能力開発と訓練を必要としますし、またこれも大学などの教育機関で教える立場にある方々の課題です。

　その第一歩として、まず話し手ご本人に前置きが長いことをまず自覚させることです。

　実際に多くのスピーチを聞いていると、前置きを長々と話すのが慣例、習慣、しきたり、スピーチのマナーと勘違いしている人が多いようです。前置きは話さないといけないものと決めているようです。しかし、前置きは場合によります。決められた時間に自分の意見を十分に人に聞いてもらうために、なるべく要領よく簡潔に話したほうがいいです。前置きの必要がなければ、それを言わずにすぐに本題に入るべきです。そして話が尽きたら、そのまま終わります。

　未練たらしくくどくど言わないこと、これこそ聞き手に対する心配り、思いやりです。

補充単語

旅行用語1

包机	チャーター機(チャーターき)
単程票	片道券(かたみちけん)

登机手续	チェックイン
多次入境签证	マルチビザ
公务舱	ビジネスクラス
贵重物品	貴重品（きちょうひん）
候机楼	ターミナルビル
护照	パスポート
经济舱	エコノミークラス
机上便餐	機内食（きないしょく）
机上服务	機内サービス（きないサービス）
挎包	ショルダー・バッグ

スピーチ練習問題

1. 音楽との正しい付き合い方について述べなさい。
2. 生け花について紹介しなさい。

第十六課

本文

1 美しい言葉とは

　美しい言葉とは、美しく話されたことばだと思います。それは相手に明るい晴れやかな、和やかな印象を与え、心像を呼び起こす言葉だと思います。したがって、それは「美しい」「結構だ」「立派だ」「よい」などの褒め言葉が当てはまると思いますが、「おはよう」「お元気ですか」などの挨拶言葉でも、愛情を持ち、心をこめ、いたわり、和の心をもって口にすれば十分「美しい言葉」でしょう。要は「美しい心」から発せられた言葉は、「美しい言葉」だと思います。

　言葉とは抽象的なものですから、それは使い方によって美しくも醜くもなります。大切なことは、これを使う人間の中に、愛情や誠実さがあるか否かでしょう。人の心を捉えるのは、言葉の美しさではなく、人間の美しさだと思います。要するに、美しい言葉とは使う人間の美しさだと言えます。

　言葉が口に出して語るものであれば、その時その人の態度と語調で美しくも汚くもなります。「いらっしゃいませ」の一言でも、エレベーター嬢の機械的なものと、物慣れた商家の主人、あるいは歌謡番組の司会者のそれとみんな異なるように思います。

　反語になったり皮肉になったりする言葉でも、しゃべる人、聞く人の心境、環境によって逆とも取れます。いつも美しく響き、受け取られる言葉を美しい言葉と言いたいです。

　美しい言葉というものは、区切られた一つの語句を指す場合は

極めて少なく、ある言葉が前後の言葉に連なり、音声や言い方のニュアンスによって生じてくるものです。同一の言葉でも使う人や環境その他によって生きも死にもするもので、それが生かして使われた時に、はじめて言葉に対する美しさを感じるのだから文字として挙げることが難しいです。

美しい言葉といっても、言葉だけを抜き出していうことが出来ないのです。音韻、語彙、文法、それぞれ正しく、しかも生き生きとした話し言葉、これが美しい言葉と言えるのではないでしょうか。

最後に、表現の仕方としての言葉は、表現しようとするものに対して過不足のないことが第一です。

単　語

和やか(なごやか)	平静,柔和,和睦
心像(しんぞう)	意象
当てはまる(あてはまる)	适合,适应
醜い(みにくい)	丑陋的
労わり(いたわり)	体贴,照顾
物慣れる(ものなれる)	娴熟,熟练
商家(しょうか)	商家
区切る(くぎる)	分段
連なる(つらなる)	连接,相连
ニュアンス	语气
抜き出す(ぬきだす)	选出,抽出

表　現

一、～か否か

接続　体言；用言終止形
意味　是否…

1) 人が成功するか否かは、何によって決まるのでしょう。
　　一个人是否成功,究竟取决于什么呢?

2）賛成か否か、自分の意見をはっきり言いなさい。
　　赞成与否，请表明自己的意见。
3）原発を存続させるか否かをめぐって、国論は真っ二つに割れている。
　　围绕是否继续发展原子能发电，国民舆论分成两派。
4）勝てるか否かは天のみ知るだよ。
　　能否赢只有天知道。
5）それが事実か否か、まだよく分かっていない。
　　那是否属实，还不太清楚。

2 余暇に求めるもの

　人々は、余暇活動にどのような楽しみや目的を求めているのでしょうか。この調査では、人との交流、休養、自然との触れ合いなど22項目について当てはまるものをすべて挙げてもらいました。

　余暇活動に求められる楽しみや目的として、最も多くの人が挙げたのは、「友人や知人との交流を楽しむこと」で、63.3％、次いで「心の安らぎを得ること」が59.1％となっており、この2項目は日本人の余暇活動の代表的な動機だと言えます。以下、「体を休めること」「家族との交流を楽しむこと」「健康や体力の向上を目指す」こととなっています。人々が余暇生活に求めるのは、「家族や友人とのコミュニケーション」と「心身の休養」であるようです。

　性・年代別に見ると、まず「友人や知人との交流を楽しむこと」は、男女とも10代・20代の若者に多くの支持を得ています。これに対して、「家族との交流」を求めるのは、男女とも30代・40代に多いです。

　また、女性は特に、「知人・友人との交流」と「心の安らぎを得ること」への回答率が高いのに対して、男性の場合は、「自然に触れること」(36.8→39.3％)への回答率が前回の調査よりも高くなっています。「技術や腕前の向上を目指すこと」や「賭けや偶然を楽しむこと」「腕前を競い競争すること」「スリルを味わうこと」は、男性に支持が多く、「自分で作れる喜びを満たすこと」「芸術や美的な関心を満たすこと」には、女性の支持が多いです。

　前回の調査に比べると、「友人と知人との交流を楽しむこと」「家族との交流を楽しむこと」といった交流の動機、「自然に触れること」といった自然志向が強まっています。また、景気の低迷が長期化する中、「仕事や学習に役立つこと」「実益(収入)に結びつく」など、仕事志向の実質的なものを求める気持ちが高まっています。その一方では、「芸術や美的な関心を満たすこと」という文化的欲求、「賭けや偶然を楽しむこと」「スリルを味わうこと」など、現実か

ら逃避するような価値観も強まっています。

単語

次ぐ(つぐ)	其后，接着
安らぎ(やすらぎ)	安静，平静
腕前(うでまえ)	本事，才能
賭け(かけ)	赌博
競う(きそう)	竞争
スリル	惊险，毛骨悚然
満たす(みたす)	使…充满，装满
低迷(ていめい)	进展困难
逃避(とうひ)	逃避

表現

一、～に対し(て)
接続　体言；用言連体形＋の
意味　和…相反

1) あの薬はよく効くのに対し、肝臓への毒性も強い。
   那种药很有效，但对肝脏的毒性也很强。
2) 大都市では人口の過密化が問題になっているのに対し、農村で過疎化が大きな問題になっている。
   大城市的问题是人口过度密集，而农村的大问题则是人口稀少。
3) 自動車は便利なのに対して、交通事故などのマイナス面もある。
   汽车是很方便，但也有交通事故等负面。
4) 従来の洗剤では、セーターなどを洗うことができなかったのに対して、この洗剤はセーターはもちろん、シルクのスカーフなども洗えるようになった。
   以往的洗衣粉不能洗毛衣，但这种洗衣粉不但能洗毛衣，还能

洗真丝围巾。
5) 日本海側では冬に、雪が多いのに対して、太平洋側では晴れの日が続く。
日本海沿岸冬天多雪，而太平洋沿岸则持续晴天。

二、～と比べると
接続　体言
意味　与…相比

1) 上海の夏は、北京と比べるとずっと過ごしやすい。
上海的夏天比北京容易过得多。
2) 翻訳を原文と比べると、やはり微妙な点で違いがある。
与原文相比，译文还是有些微妙的差异。
3) 子供のころと比べると、確かに生活は豊かになったが、果たして、それで幸せは増したのだろうか。
与孩提时代相比，生活的确是富裕了，但究竟是否幸福感也因此增加了呢？
4) この町のゴミ対策は、他のそれと比べると、遥かに遅れている。
这个城市的垃圾处理政策与其他地方相比，要落后许多。
5) この教科書がいかに斬新なアイディアを取り入れているかが、従来のものと比べるとよくわかる。
这本教科书是如何引用了崭新的理念，与以往的一比较就明白了。

話し言葉講座

16. 本題になかなか入らない癖

日本人はスピーチを含めて、いろいろな面でなかなか本題に入らない人種のようです。例えば、人が用事で訪ねてきても、気候の話、健康の話、趣味の話などを話してなかなか本題に入ろうとしな

いのです。

　いいかげん話してから、互いにアウンの呼吸と雰囲気で本論に入るタイミングを一致させて、「ところで」など言って本題に入ります。

　こういうような日本人の前置きが長いこと、本論に入らないことは、どうも日本人の文化のように思えますが、仮にこれを「前置き文化」と名づけておきましょう。相撲の仕切りなども本論に入らない典型的な例ではありませんか。仕切って、仕切って、仕切り倒してやっと相撲を取ります。互いの呼吸をはかってアウンの呼吸を一致させているのです。まさにこれは文化であって、論理ではありません。

　その国固有の文化だから、文句をつけようがないのですが、しかし、議論、討論やスピーチは文化であると同時に論理です。

　もちろんここで言うのは、議論をして問題を解決していくような公式の場でのことです。だから、居酒屋で友達一杯飲む時には、前置きを長く言おうが、すぐ本題に入ろうが、好きなようにすればいいです。

　公式の場での話というのは、利害関係を持った人が集まった場であり、生産性の高い話し方をしないと、他人の時間を奪うだけです。

　居酒屋のような世界は、お互いに時間をつぶす事に意味がありますが、公式の場は時間を有効に使う場です。無駄なおしゃべりは厳禁です。

　とにかく様々なスピーチの場で前置きは極力短くして本題に入ることです。

補充単語

旅行用語2

联票	クーポン券（クーポンけん）
皮箱	トランク

第十六課

签证	ビザ
入国签证	入国ビザ(にゅうこくビザ)
手提行李	手荷物(てにもつ)
手提箱	スーツケース
双程票	往復券(おうふくけん)
随身物品	手回り品(てまわりひん)
头等舱	ファーストクラス
一日游	日帰り旅行(ひがえりりょこう)

スピーチ練習問題

1. 美しい言葉とは何か、貴方の考えを述べなさい。
2. 貴方は余暇に何か求めているものがあるか、言ってみなさい。

単語索引

ア 行

アート	艺术,美术	14-1
合図(あいず)	信号,暗号	8-1
相次ぐ(あいつぐ)	相继发生	15-2
曖昧(あいまい)	暧昧	5-2
青々とした(あおあおとした)	碧绿;青绿	6-1
あくまでも	总是	14-2
憧れる(あこがれる)	憧憬,爱慕	9-1
足を運ぶ(あしをはこぶ)	前往	3-2
当てはまる(あてはまる)	适合,适应	16-1
有り余る(ありあまる)	过多	10-2
あり方(ありかた)	应有的状态	7-1
ありとあらゆる	全部,所有	6-2
アレンジメント	排列	15-2
居合わせる(いあわせる)	在座	14-1
言うは易し(いうはやすし)	说起来容易	12-2
生かす(いかす)	发挥,有效利用	10-1
憩い(いこい)	休息,休憩	5-2
いささか	一些,一点儿	13-1
弄る(いじくる)	随意改动	12-2
苛め(いじめ)	欺负,虐待	12-1
依然(いぜん)	依然	1-1
労わり(いたわり)	体贴,照顾	16-1

日本語	中文	課
一因(いちいん)	一个原因	3-1
一朝一夕(いっちょういっせき)	一朝一夕,一时半刻	10-2
営む(いとなむ)	经营	15-1
挑む(いどむ)	挑战	8-1
イノベーション	改良,革新	14-2
居場所(いばしょ)	住处,安身之处	11-1
イベント	活动,集会	4-1
今さら(いまさら)	事到如今	10-1
今一つ(いまひとつ)	差一点	11-1
今や(いまや)	此刻	10-2
否応なしに(いやおうなしに)	不容分说	13-1
インテリ	知识分子	9-1
右折(うせつ)	右转弯	11-1
宇宙(うちゅう)	宇宙	14-1
腕前(うでまえ)	本事,才能	16-2
頷く(うなずく)	首肯	8-2
海鳥(うみどり)	海鸟	6-2
埋め立て地(うめたてち)	填筑地,填拓地	6-1
うろたえる	惊慌失措	7-1
上乗せ(うわのせ)	追加,另加	4-1
影響を及ぼす(えいきょうをおよぼす)	波及影响	5-1
エネルギー	能量	5-1
エンジニア	工程师,技术员	14-2
エンジョイ	享受	12-2
エンターテインメント	文艺表演	14-1
円高(えんだか)	日元升值	1-1
老いる(おいる)	老,上年纪	8-1
応じる(おうじる)	按照,适应	7-2
覆う(おおう)	蒙上,盖上,遮盖	6-1

大袈裟(おおげさ)	夸大,夸张	7-1
大幅(おおはば)	大幅度	3-2
概ね(おおむね)	大约,大致	4-2
押し付ける(おしつける)	迫使	7-2
オゾン層(オゾンそう)	臭氧层	5-1
汚濁(おだく)	污浊	5-1
訪れる(おとずれる)	来临	8-1
躍る(おどる)	兴奋,激动	14-2
脅かす(おびやかす)	威胁	13-1

カ　行

カイロ	开罗(埃及首都)	5-1
カウンセラー	职业咨询人员	12-1
顔つき(かおつき)	表情	13-2
かかずらう	拘泥	8-2
輝き(かがやき)	光辉,辉耀	6-1
関わる(かかわる)	有关	12-1
花器(かき)	插花用器具	15-2
核家族(かくかぞく)	(由夫妇与未婚子女组成的)小家庭	4-1
獲得(かくとく)	获得	12-2
賭け(かけ)	赌博	16-2
個所(かしょ)	地方,部分	9-2
家人(かじん)	家人	10-2
舵(かじ)	舵	2-2
ガス	气体;煤气	6-1
肩書(かたがき)	头衔	1-2
敵(かたき)	仇人,仇敌	8-2
塊(かたまり)	块儿	11-2
活字(かつじ)	活字,铅字	13-1

嘗て(かつて)	曾经	7-1
活躍(かつやく)	活跃	10-1
華道(かどう)	花道	15-2
稼動(かどう)	开动,工作	11-2
金網(かなあみ)	金属网	9-2
株式(かぶしき)	股份	2-2
花弁草木(かべんそうもく)	花瓣草木	15-2
がむしゃら	鲁莽,冒失	10-2
硝子(がらす)	玻璃	15-2
駆られる(かられる)	受某种心情支配	14-1
交わす(かわす)	交换,交替	3-1
環境ホルモン(かんきょう)	环境激素	5-1
干渉(かんしょう)	干涉	3-1
岩石(がんせき)	岩石	9-2
寒暖(かんだん)	冷暖,寒暑	15-2
缶詰(かんづめ)	罐头	10-2
緩和(かんわ)	缓和	2-1
気球(ききゅう)	气球	14-1
気質(きしつ)	气质	3-1
希少(きしょう)	稀少	11-2
築き上げる(きずきあげる)	筑起	7-1
築く(きずく)	构筑	4-2
規制(きせい)	限制,控制,规定	2-1
競う(きそう)	竞争	16-2
きっかけ	契机	10-1
基盤(きばん)	基础	2-1
決め付ける(きめつける)	断言	9-1
キャッチボール	(棒球)投接球练习	12-2
キャッチャー	(棒球)接球手	12-2
ギャップ	差距,分歧,隔阂	1-1

キャリア・ウーマン	职业女性	10-1
キャンパスライフ	校园生活	3-1
ぎゅうぎゅう	紧紧的,满满的	10-2
急務(きゅうむ)	当务之急	2-1
杞憂(きゆう)	杞人忧天	9-2
脅威(きょうい)	威胁	7-1
競合(きょうごう)	竞争,争执	14-2
教習所(きょうしゅうじょ)	教练场	11-1
強要(きょうよう)	强行要求	15-1
巨匠(きょしょう)	巨匠,泰斗	15-1
ギリシア	希腊	8-2
切り捨て(きりすて)	切下扔掉,舍去	5-2
切り詰める(きりつめる)	压缩,节约	8-1
金太郎飴(きんたろうあめ)	金太郎棒棒糖(一种无论从何处切开均可出现金太郎头像的棒棒糖)	12-2
食い止める(くいとめる)	防止,阻止	4-1
空洞(くうどう)	空洞	2-1
区切る(くぎる)	分段	16-1
茎(くき)	茎	15-2
崩れる(くずれる)	崩溃,瓦解	6-1
組み合わせ(くみあわせ)	组合	13-2
掲示(けいじ)	布告	13-2
ケース	情况,事例	7-1
欠食(けっしょく)	吃不饱	10-2
懸念(けねん)	担心,挂念	4-2
煙(けむ)	烟雾	13-2
下落(げらく)	下降	8-2
健在(けんざい)	健在	9-1
原爆(げんばく)	原子弹	9-2

孝行(こうこう)	孝敬,孝顺	8-2
向上(こうじょう)	向上,提高	1-1
硬直(こうちょく)	僵硬	2-1
荒廃(こうはい)	荒废,荒芜	2-1
考慮(こうりょ)	考虑	7-2
酷評(こくひょう)	严厉批评	10-2
焦げつく(こげつく)	烧焦,烤煳;形成呆账(贷款收不回来)	2-2
心構え(こころがまえ)	思想准备	10-2
心を砕く(こころをくだく)	煞费苦心	1-2
孤食(こしょく)	一个人吃饭	7-2
子育て(こそだて)	养育子女	4-1
小遣い(こづかい)	零用钱	11-2
滑稽(こっけい)	滑稽	15-1
刻々(こっこく)	每时每刻	13-2
事足りる(ことたりる)	足够,够用	15-1
ことによったら	或许,说不定	15-1
小鳥(ことり)	小鸟	6-2
琴(こと)	古琴	6-2
古風(こふう)	古风	9-1
ごまかす	敷衍,糊弄	8-2
鼓膜(こまく)	鼓膜	6-2
暦(こよみ)	日历,历书	7-1
コレステロール	胆固醇	8-2
コンタクトレンズ	隐形眼镜	9-1
根底(こんてい)	根基,基础	7-2
混沌(こんとん)	浑沌	15-2
コンパクト	小型而内容充实的;紧密的	5-2
コンピューティング	计算	14-1

サ　行

際し(さいし)	正当…之际	5-1
サイド	一侧,方面	14-2
防人(さきもり)	驻防士兵	8-1
左折(させつ)	左转弯	11-1
里山(さとやま)	山林	5-2
彷徨い(さまよい)	彷徨	11-1
寒さよけ(さむさよけ)	御寒	7-1
さらす	置身于,置于	7-1
騒がしい(さわがしい)	吵闹的,喧嚣的	13-1
山腹(さんぷく)	山腰	9-2
強いる(しいる)	强迫	2-1
しがみつく	纠缠住	8-2
頻りに(しきりに)	频繁地,连续	13-1
試行錯誤(しこうさくご)	摸索,反复实验	14-2
私語(しご)	耳语,私下说话	3-1
静まり返る(しずまりかえる)	寂静,万籁俱寂	6-2
次第に(しだいに)	渐渐地	6-1
指摘(してき)	指摘,指出	4-2
士農工商(しのうこうしょう)	士农工商	12-1
しばしば	屡次,再三	14-2
自問自答(じもんじとう)	自问自答	8-1
ジャーナリズム	新闻报道	13-1
重圧(じゅうあつ)	重压	1-2
従順(じゅうじゅん)	顺从,听话	12-2
生涯(しょうがい)	一生,终生	4-1
商家(しょうか)	商家	16-1
称賛(しょうさん)	称赞	4-1
少子化(しょうしか)	少子化	4-1

生ずる(しょうずる)	产生	7-2
承認(しょうにん)	承认	13-1
小児(しょうに)	小孩	4-1
小文(しょうぶん)	拙文;短文	13-1
ジョギング	慢跑	8-2
初心(しょしん)	初衷	5-2
シリーズ	系列	9-1
素人(しろうと)	外行	9-2
心像(しんぞう)	意象	16-1
浸透(しんとう)	渗透	3-1
森羅万象(しんらまんぞう)	森罗万象	15-2
衰退(すいたい)	衰退,衰颓	5-2
数値(すうち)	数值	4-2
素直(すなお)	坦率,老实	12-1
澄み切る(すみきる)	清澈;晴朗	6-1
スリル	惊险,毛骨悚然	16-2
静寂(せいじゃく)	寂静	6-2
聖職(せいしょく)	神圣的职务	12-1
征服(せいふく)	征服	7-1
積分(せきぶん)	积分	13-2
石油(せきゆ)	石油	11-2
世帯(せたい)	(自立门户的)家庭,户口,户	4-1
絶景(ぜっけい)	绝景	6-2
専業主婦(せんぎょうしゅふ)	专业主妇	10-1
潜行(せんこう)	暗地行动	8-2
千差万別(せんさばんべつ)	千差万别	15-2
千変万化(せんぺんばんか)	千变万化	15-2
洗練(せんれん)	精练;讲究	14-2
相殺(そうさい)	抵消	13-2
想定(そうてい)	设想	4-2

阻害(そがい)	阻碍	2-1
齟齬(そご)	分歧	4-2
訴訟(そしょう)	诉讼	5-2
粗大ゴミ(そだいゴミ)	大件垃圾	10-2
備える(そなえる)	具备	12-2
供える(そなえる)	供奉	15-2
ソフト	软件	14-1
そもそも	原来,说起来	8-2
戦ぎ(そよぎ)	微微摇动	6-2

タ　行

ダイオキシン	二噁英	5-1
ダイナミズム	活力	14-2
代返(だいへん)	代替应到	3-1
ダイヤ	列车运行时刻表	7-1
タウン	城;城市	3-2
絶えず(たえず)	不断地	5-2
耐える(たえる)	忍耐	7-1
たかだか	顶多,充其量	13-2
たしなめる	责备,教训	9-1
携わる(たずさわる)	参与,从事	14-2
ただし	但是	4-2
漂う(ただよう)	飘荡,漂浮	14-2
忽ち(たちまち)	立刻,转眼间	7-1
抱っこ(だっこ)	(幼儿语)抱	12-1
縦割り(たてわり)	直线领导,条条领导	5-2
喩える(たとえる)	比喻	11-1
田畑(たはた)	田地	5-2
旅路(たびじ)	旅程,旅途	8-1
だぶつく	过剩,充斥	2-2

溜息(ためいき)	叹息	11-1
撓め方(たわめかた)	弯曲方法	15-2
断片(だんぺん)	片段	3-1
力を注ぐ(ちからをそそぐ)	致力	12-1
知性(ちせい)	理智	9-1
中核(ちゅうかく)	核心	13-2
忠義(ちゅうぎ)	忠义	8-2
調和(ちょうわ)	调和,协调,和谐	6-1
墜落(ついらく)	坠落	14-2
掴む(つかむ)	抓住;深刻理解	1-1
次ぐ(つぐ)	其后,接着	16-2
培う(つちかう)	培育;培养	2-1
連なる(つらなる)	连接,相连	16-1
手合い(てあい)	家伙,东西	15-1
亭主(ていしゅ)	丈夫	9-1
呈する(ていする)	呈现	15-1
低迷(ていめい)	进展困难	16-2
テーマ	主题	5-2
手遅れ(ておくれ)	耽误,为时已晚,错过时机	5-2
手口(てぐち)	手法,手段	13-2
テクノロジー	技术,科学技术	3-1
出先(でさき)	去处,外出地点	11-1
デジタルテクノロジー	数码技术	14-1
手付き(てつき)	手势,手的动作	8-1
転勤(てんきん)	调动工作	4-1
統合(とうごう)	统一,综合	13-1
導入(どうにゅう)	导入	1-1
逃避(とうひ)	逃避	16-2
当面(とうめん)	当前,目前	15-1
解き明かす(ときあかす)	解开(疑点)	14-1

時折(ときおり)	有时,偶尔	9-2
途切れる(とぎれる)	中断,间断	11-1
とぐろを巻く(とぐろをまく)	久坐不动	10-2
閉じこもる(とじこもる)	闭门不出	10-2
突端(とったん)	突出的一端	15-2
トップ	最前头,首位,第一位	4-1
整う(ととのう)	整齐,齐备	7-2
飛び交う(とびかう)	交错乱飞	3-2
徒歩(とほ)	徒步	6-1
戸惑う(とまどう)	不知所措	3-2
取り組み(とりくみ)	(所从事的)研究工作	3-2
トリック	诡计,圈套	13-2
取り除く(とりのぞく)	除掉,去掉	4-2
とりわけ	特别,尤其	2-1

ナ 行

なかでも	尤其	6-1
長引く(ながびく)	拖长,拖延	1-1
和やか(なごやか)	平静,柔和,和睦	16-1
納得(なっとく)	接受,同意	7-2
鳴り立てる(なりたてる)	轰鸣,怒叫	6-2
二酸化炭素(にさんかたんそ)	二氧化碳	5-1
担う(になう)	肩负,担负,承担	5-1
ニュアンス	语气	16-1
ニュー・ディール政策(せいさく)	新政。1933年以后,美国总统富兰克林・罗斯福的政府所实施的经济大萧条对策和各种改革的名称。	2-1
人間性(にんげんせい)	人性	1-2
抜き出す(ぬきだす)	选出,抽出	16-1

根強い（ねづよい）	根深蒂固；坚忍不拔	1-1
練る（ねる）	推敲	3-1
燃料（ねんりょう）	燃料	6-1
ノイローゼ	神经质	9-2
ノーリスク	无风险	14-2
望む（のぞむ）	希望，期待	4-2
呑気（のんき）	满不在乎	8-1

ハ 行

把握（はあく）	掌握	2-2
バーゼル	巴塞尔（瑞士北部的工商业城市）	5-1
ハード	硬件	14-1
媒体（ばいたい）	媒体	13-1
ハイテク	高科技	14-2
ハイリターン	高回报	14-2
育む（はぐくむ）	培养，培育	3-2
拍車がかかる（はくしゃがかかる）	加速，加快，促进，推动	5-2
漠然（ばくぜん）	漠然，模糊	9-1
端々（はしばし）	细微之处	1-2
働き蜂（はたらきばち）	工蜂	10-2
歯止め（はどめ）	制止，阻止	12-1
パニック	惊慌，恐慌，混乱	7-1
幅広く（はばひろく）	广泛地	5-2
バブル	泡沫（经济）	2-2
ばら撒く（ばらまく）	散布，撒	6-2
バランス	平衡	6-1
バリエーション	变化，变动	15-2
ばりばり	积极紧张地工作状	10-1

煩瑣(はんさ)	烦琐	2-1
彦根城(ひこねじょう)	彦根城	6-2
ビジョン	构图;前景	3-2
浸る(ひたる)	沉浸	1-2
引っかく(ひっかく)	扰,搔	6-2
必需品(ひつじゅひん)	必需品	11-1
ピッチャー	(棒球)投手	12-2
匹敵(ひってき)	匹敌	13-2
悲鳴を上げる(ひめいをあげる)	叫苦	7-1
平社員(ひらしゃいん)	普通职员	1-2
貧富(ひんぷ)	贫富	12-1
不意(ふい)	意外,突然	15-1
不況(ふきょう)	萧条,不景气	2-2
不器用(ぶきよう)	不灵活,不熟练	10-2
塞ぐ(ふさぐ)	塞住,堵住	6-2
不祥事(ふしょうじ)	丑闻	2-1
復興(ふっこう)	复兴,重振	2-1
振り込む(ふりこむ)	转账	2-2
震え上がる(ふるえあがる)	战栗,哆嗦	7-1
フル	满	11-2
振る舞い(ふるまい)	行为,动作	7-2
プロペラ	螺旋桨	14-1
フロン	氟利昂	5-1
分担(ぶんたん)	分担	10-1
ペース	速度,进度	4-2
ボイコット	联合拒绝	12-1
崩壊(ほうかい)	崩溃	2-2
防寒(ぼうかん)	防寒	7-1
膨張(ぼうちょう)	膨胀	11-2
放って置く(ほうっておく)	置之不理	8-2

防波堤(ぼうはてい)	防波堤,堤坝	12-1
ポータブル	便携的	14-1
誇る(ほこる)	自豪,夸耀	4-1
補償(ほしょう)	补偿;赔偿	5-2
ポスト	工作岗位	1-2
ほどほど	适当地	8-2
本音(ほんね)	心里话;真心话	3-2

マ 行

邁進(まいしん)	迈进,挺进	2-1
薪(まき)	木柴	6-1
マスプロダクション	大量生产,批量生产	12-2
マスメディア	宣传媒介	15-1
町中(まちなか)	市内,街上	11-1
まとも	认真,正经	7-1
マナー	规矩,礼节	7-2
麻薬(まやく)	毒品	9-2
丸裸(まるはだか)	一丝不挂	11-2
見合う(みあう)	相称,平衡	15-1
磨く(みがく)	磨炼,锻炼	10-1
見極める(みきわめる)	看清,看透	12-2
水揚(みずあげ)	吸收水	15-2
充たす(みたす)	充满,填满	6-2
満たす(みたす)	充满,装满	16-2
見直し(みなおし)	重新认识;重新评价	3-2
水俣病(みなまたびょう)	水俣病	5-2
醜い(みにくい)	丑陋的	16-1
見抜く(みぬく)	看穿,认清	13-2
見抜ける(みぬける)	看透,看穿	12-2
魅力(みりょく)	魅力	1-2

日本語	中文	位置
無限(むげん)	无限	11-2
蝕む(むしばむ)	侵蚀,腐蚀	8-2
無神経(むしんけい)	感觉迟钝	15-1
目頭(めがしら)	内眼角	12-1
もったいない	可惜,浪费	10-1
もっとも	不过,可是	3-1
持て余す(もてあます)	难处理,无法对付	10-2
基づく(もとづく)	根据,基于	5-2
物慣れる(ものなれる)	娴熟,熟练	16-1

ヤ 行

日本語	中文	位置
役所(やくしょ)	政府机关;官署;官厅	3-2
役割を果たす(やくわりをはたす)	发挥作用	1-1
安らぎ(やすらぎ)	安静,平静	16-2
やたら	胡乱,随便	8-2
破る(やぶる)	打破	12-1
優越感(ゆうえつかん)	优越感	1-2
ユーザー	用户;消费者	3-2
有する(ゆうする)	拥有	2-1
行き付け(ゆきつけ)	常去	6-2
ゆとり教育(ゆとりきょういく)	宽松教学	3-2
要領(ようりょう)	窍门	3-1
預金(よきん)	存款	2-2
避ける(よける)	避开,躲避	9-2
呼び掛ける(よびかける)	呼吁,号召	6-2

ラ 行

日本語	中文	位置
ライフスタイル	生活方式	5-1
リストラ	裁员	14-2
リズム	节奏	6-1

立脚(りっきゃく)	立足,根据	2-1
両立(りょうりつ)	两者兼顾	4-1
霊長(れいちょう)	灵长	15-2
連係(れんけい)	联系,相互关联	4-1
連携(れんけい)	联合,合作,协作	5-2
労使(ろうし)	工人与雇主	2-1
ローテク	低科技	14-2

ワ 行

煩わしい(わずらわしい)	麻烦	3-1
割合(わりあい)	比例	4-1

图书在版编目（CIP）数据

日语中级口译岗位资格证书考试·口语教程/陆留弟主编． —上海：华东师范大学出版社，2019
 ISBN 978-7-5675-8993-3

Ⅰ．①日… Ⅱ．①陆… Ⅲ．①日语-口语-资格考试-自学参考资料　Ⅳ．①H369.9

中国版本图书馆 CIP 数据核字（2019）第 042830 号

日语中级口译岗位资格证书考试·口语教程

编　　著	庞志春　王建英
项目编辑	王清伟　孔　凡
文字编辑	张秦芝
封面设计	俞　越
版式设计	蒋　克

出版发行	华东师范大学出版社
社　　址	上海市中山北路 3663 号　邮编 200062
网　　址	www.ecnupress.com.cn
电　　话	021-60821666　行政传真 021-62572105
客服电话	021-62865537　门市（邮购）电话 021-62869887
地　　址	上海市中山北路 3663 号华东师范大学校内先锋路口
网　　店	http://hdsdcbs.tmall.com/

印刷者	昆山市亭林彩印厂有限公司
开　　本	890×1240　32 开
印　　张	5.75
字　　数	142 千字
版　　次	2019 年 3 月第 1 版
印　　次	2019 年 3 月第 1 次
书　　号	ISBN 978-7-5675-8993-3/H·1046
定　　价	14.00 元

出版人　王　焰

（如发现本版图书有印订质量问题，请寄回本社客服中心调换或电话 021-62865537 联系）